Mugby -Kreuzung

Charles Dickens

(Mitwirkende: Charles Collins, Amelia B. Edwards,

Andrew Halliday, Hesba Stretton)

Writat

Diese Ausgabe erschien im Jahr 2024

ISBN: 9789359943220

Herausgegeben von
Writat
E-Mail: info@writat.com

Inhalt

BARBOX BROTHERS

ICH

"Bewachen! Was ist das für ein Ort?"

„ Mugby Junction, Sir."

„Ein windiger Ort!"

„Ja, das ist meistens der Fall, Sir."

„Und sieht wirklich trostlos aus!"

„Ja, das ist im Allgemeinen der Fall, Sir."

„Ist es immer noch eine regnerische Nacht?"

„Gießt, Sir."

"Öffne die Tür. Ich werde raus."

„Sie werden es haben, Sir", sagte der Wachmann, der vor nassen Tropfen glänzte und im Schein seiner Laterne auf das tränenreiche Zifferblatt seiner Uhr blickte, als der Reisende abstieg, „drei Minuten hier."

„Mehr, denke ich . – Denn ich gehe nicht weiter."

„Dachten Sie, Sie hätten ein Durchgangsticket, Sir?"

„ Das habe ich, aber den Rest werde ich opfern. Ich will mein Gepäck."

„Kommen Sie bitte zum Lieferwagen und zeigen Sie es, Sir. Seien Sie so gut und schauen Sie sehr genau hin, Sir. Wir haben keine Zeit zu verlieren."

Der Schaffner eilte zum Gepäckwagen, und der Reisende eilte ihm nach. Der Schaffner stieg ein, und der Reisende schaute hinein.

„Die beiden großen schwarzen Koffer in der Ecke, wo dein Licht scheint. Die gehören mir."

„Der Name steht darauf , Sir?"

„ Barbox- Brüder."

„Gehen Sie bitte zur Seite, Sir. Eins. Zwei. Richtig!"

Lampe schwenkte. Signallichter vorn wechseln bereits. Kreischen der Lokomotive. Zug weg.

„ Mugby Junction!" sagte der Reisende und zog mit beiden Händen den Wollschal um seinen Hals. „Nach drei Uhr an einem stürmischen Morgen! Also!"

Er sprach mit sich selbst. Es gab sonst niemanden, mit dem man reden konnte. Vielleicht hätte er lieber mit sich selbst gesprochen, obwohl es jemanden gegeben hätte, mit dem er hätte sprechen können. Als er mit sich selbst redete, sprach er zu einem Mann, der nicht mehr als fünfzig Jahre alt war, so oder so, der zu früh grau geworden war, wie ein vernachlässigtes Feuer; ein Mann mit nachdenklicher Gewohnheit, grübelnder Kopfhaltung und unterdrückter innerer Stimme; ein Mann mit vielen Anzeichen dafür, dass er viel allein gewesen ist.

Er stand unbemerkt auf der trostlosen Plattform, nur Regen und Wind störten ihn. Die beiden wachsamen Angreifer stürzten sich auf ihn. „Also gut", sagte er nachgebend. „Es ist mir gleichgültig, wohin ich mich wende."

Reisende an einem stürmischen Morgen, als es schon drei Uhr war, in Mugby Junction dorthin, wohin ihn das Wetter trieb.

Nichts, was er nicht hätte aushalten können, wenn er es wollte, denn als er das Ende des überdachten Unterstandes erreichte (er ist bei Mugby Junction ziemlich groß) und auf die dunkle Nacht hinausblickte, durch die ein noch dunklerer Sturmflügel wild hindurchfegte, drehte er sich um und hielt sich in der schwierigen Richtung ebenso stur, wie er es in der leichteren getan hatte. So ging der Reisende mit festem Schritt auf und ab, auf und ab, auf und ab, ohne etwas zu suchen und es zu finden.

Ein Ort voller schattiger Formen, dieser Mugby Junction in den schwarzen Stunden des Vierundzwanzigsten. Geheimnisvolle Güterzüge, bedeckt mit Leichentüchern, gleiten wie riesige, unheimliche Beerdigungen dahin und entziehen sich schuldbewusst der Gegenwart der wenigen brennenden Lampen, als ob ihre Fracht ein heimliches und ungesetzliches Ende gefunden hätte. Eine halbe Meile Kohle verfolgen sie auf detektivische Art und Weise, folgen ihnen, wenn sie vorangehen, halten an, wenn sie aufhören, und ziehen zurück, wenn sie zurückweichen. Rotglühende Glut regnete auf den Boden, diese dunkle Allee entlang und die andere hinunter, als würden quälende Feuer herausgeharkt; Gleichzeitig drangen Schreie, Stöhnen und Knirschen in die Ohren, als wären die Gefolterten auf dem Höhepunkt ihres Leidens. Eisengitterkäfige voller Vieh, die auf halbem Weg klirren, die herabhängenden Tiere mit ineinander verschlungenen Hörnern, die vor Schrecken erstarrten Augen und auch die Münder: Zumindest haben sie lange Eiszapfen (oder was auch immer so aussieht) an ihren Lippen hängen. Unbekannte Sprachen in der Luft, verschworen in roten, grünen und weißen Schriftzeichen. Ein Erdbeben, begleitet von Donner und Blitz, zog schnell nach London.

Jetzt ist alles still, alles verrostet, Wind und Regen im Griff, die Lampen erloschen, Mugby Junction tot und undeutlich, das Gewand über den Kopf gezogen, wie Cæsar. Auch jetzt, als der verspätete Reisende auf und ab trottete, fuhr in der Dunkelheit ein schattiger Zug an ihm vorbei, der nichts anderes war als der Zug eines Lebens. Aus welchem ungreifbaren tiefen Einschnitt oder dunklen Tunnel auch immer es hervorkam, hier kam es, ungerufen und unangekündigt, schlich sich an ihn heran und verschwand in der Dunkelheit. Hier ging traurig vorbei, ein Kind, das nie eine Kindheit gehabt oder einen Elternteil gekannt hatte, unzertrennlich von einem Jugendlichen mit dem bitteren Gefühl seiner Namenlosigkeit, gepaart mit einem Mann, dessen aufgezwungene Geschäfte, dessen beste Jahre widerwärtig und bedrückend gewesen waren, verbunden waren ein undankbarer Freund, der eine einst geliebte Frau hinter sich herzieht. Begleitet wurden sie von schwerfälligen Sorgen, dunklen Meditationen, großen, düsteren Enttäuschungen, eintönigen Jahren und einer langen, erschütternden Reihe von Zwietracht eines einsamen und unglücklichen Daseins.

„–Ihre, Sir?“

Der Reisende wandte seinen Blick von der Wüste ab, in die er gestarrt hatte, und wich angesichts der Plötzlichkeit und vielleicht auch der zufälligen Angemessenheit der Frage etwa einen Schritt zurück.

„Oh! Meine Gedanken waren im Moment nicht hier. Ja. Ja. Diese beiden Koffer gehören mir. Bist du ein Porter?“

„Ich beziehe Porters Lohn, Sir. Aber ich bin Lamps.“

Der Reisende sah ein wenig verwirrt aus.

„Wer hast du gesagt, dass du bist?“

„Lampen, Sir“, und als weitere Erklärung zeigte er auf ein öliges Tuch in seiner Hand.

„Sicher, sicher. Gibt es hier ein Hotel oder eine Taverne?“

„Nicht genau hier, Sir. Es gibt hier einen Erfrischungsraum, aber –“ Lamps warf mit einem sehr ernsten Blick eine warnende Kopfbewegung, die deutlich hinzufügte: „Aber es ist ein gesegneter Umstand für Sie, dass er nicht geöffnet ist.“

„Sie könnten es, wie ich sehe, nicht empfehlen, wenn es verfügbar wäre?“

„Bitten Sie um Verzeihung, Sir. Wenn es war-?“

"Offen?"

„ Als bezahlter Bediensteter des Unternehmens steht es mir nicht zu, meine Meinung zu irgendwelchen Themen des Unternehmens zu äußern “, er sprach es eher wie Zahnstocher aus, „jenseits von Lampile und Watte“, erwiderte Lamps in vertraulichem Ton ; „Aber als Mann würde ich meinem

Vater (wenn er wieder zum Leben erwachen sollte) nicht empfehlen, zu versuchen, wie er im Erfrischungsraum behandelt wird. Als Mann würde ich nicht sprechen, nein, das würde ich *nicht tun* .“

Der Reisende nickte überzeugt. „Ich nehme an, ich kann in der Stadt übernachten? Gibt es hier eine Stadt?“ Denn der Reisende (obwohl er im Vergleich zu den meisten Reisenden ein Stubenhocker war) war wie viele andere schon einmal von den Dampfwinden und den eisernen Gezeiten durch diese Kreuzung getragen worden, ohne jemals, sozusagen, dort an Land gegangen zu sein.

„O ja, da ist eine Stadt, Sir. Jedenfalls gibt es genug Stadt, um dort unterzukommen. Aber“, er folgte dem Blick des anderen auf sein Gepäck, „es ist eine sehr tote Zeit der Nacht bei uns, Sir. Die toteste Zeit. Ich könnte es fast unsere toteste und begrabenste Zeit nennen.“

„Keine Träger in der Nähe?“

„Nun, Sir, sehen Sie“, erwiderte Lamps, wieder vertraulich, „im Allgemeinen geht das Gas aus. So ist das. Und sie scheinen Sie übersehen zu haben, als Sie zum anderen Ende des Bahnsteigs gingen. Aber in etwa zwölf Minuten oder so könnte sie oben sein.“

„Wer ist vielleicht wach?“

„Drei Uhr zweiundvierzig, Sir. Sie fährt auf der Seite weiter, bis die Up X vorbei ist, und dann“, hier durchdrang Lamps eine Aura hoffnungsvoller Unbestimmtheit, „ tut sie alles, was in ihrer Macht steht.“

„Ich bezweifle, dass ich die Vereinbarung verstehe.“

„Ich bezweifle, dass das irgendjemand tut, Sir. Sie ist Parlamentarierin, Sir. Und, wissen Sie, eine Parlamentarierin oder eine Scharmützelfrau –“

„Meinen Sie einen Ausflug?“

„Das ist es, Sir. – Als Parlamentarierin oder Scharmützelfrau *geht* sie meistens ins Abseits . Aber wenn sie eine Chance *bekommt* , wird sie ausgepfiffen, und sie wird dazu verleitet, alles zu tun, wie es in ihrer Macht steht. “

Anschließend erklärte er, dass diensthabende Träger, die die betreffende Parlamentsmatrone betreuen müssten, zweifellos mit dem Gas auftauchen würden. Wenn der Herr in der Zwischenzeit nichts gegen den Geruch von Lampenöl hätte und die Wärme seines kleinen Zimmers akzeptieren würde . – Da dem Herrn inzwischen schon sehr kalt war, schloss er sich sofort mit dem Vorschlag ab.

Es war eine schmierige kleine Kabine, die geruchlich an eine Walfangkabine erinnerte. Aber in ihrem rostigen Kamin brannte ein helles Feuer, und auf dem Boden stand ein Holzständer mit frisch geputzten und angezündeten Lampen, bereit für den Einsatz in der Kutsche. Sie boten einen hellen Anblick, und ihr Licht und die Wärme waren der Grund für die Beliebtheit des Raumes, wie viele Abdrücke von Samthosen auf einer Bank neben dem Feuer und viele runde Abdrücke und Flecken von gebückten Samtschultern an der angrenzenden Wand bezeugten. Auf verschiedenen unaufgeräumten Regalen befanden sich eine Menge Lampen und Ölkannen sowie eine wohlriechende Sammlung von etwas, das aussah wie die Taschentücher der gesamten Lampenfamilie.

Als Barbox Brothers (so nennt man den Reisenden mit der Garantie seines Gepäcks) auf dem Formular Platz nahm und seine jetzt unbehandschuhten Hände am Feuer wärmte, warf er einen Blick zur Seite auf einen kleinen, stark mit Tinte befleckten Schreibtisch, der an seinem Ellbogen lag berührt. Darauf lagen einige Fetzen groben Papiers und ein veralteter Stahlstift in sehr reduziertem und grobkörnigem Zustand.

Nachdem er einen Blick auf die Papierfetzen geworfen hatte, wandte er sich unwillkürlich an seinen Gastgeber und sagte mit einiger Rauheit:

„Na, du bist nie ein Dichter, Mann!"

Lamps hatte sicherlich nicht das herkömmliche Aussehen einer Lampe, denn er stand bescheiden da und rieb sich mit einem Taschentuch, das so überaus ölig war, dass er sich gerade für einen seiner Schützlinge hielt, seine dicke Nase. Er war ein magerer Mann aus der Zeit der Barbox Brothers, dessen Gesichtszüge skurril nach oben gezogen waren, als würden sie von seinen Haarwurzeln angezogen. Er hatte einen besonders glänzenden, durchsichtigen Teint, der wahrscheinlich auf die ständige Anwendung von Öl zurückzuführen war; und sein attraktives Haar, das kurz geschnitten und ergraut war und aufrecht stand, als ob es seinerseits von einem unsichtbaren Magneten darüber angezogen würde, und die Oberseite seines Kopfes ähnelte einem Lampendocht nicht sehr.

„Aber natürlich geht es mich nichts an", sagten Barbox Brothers. „Das war eine unverschämte Beobachtung meinerseits. Sei, was du magst."

„Manche Leute, Sir", bemerkte Lamps in einem entschuldigenden Tonfall, „sind manchmal das, was sie nicht mögen."

„Niemand weiß das besser als ich", seufzte der andere. „Ich war mein ganzes Leben lang das, was ich nicht mag."

„Als ich zum ersten Mal begann, Sir", fuhr Lamps fort, „mit dem Komponieren kleiner Comic-Lieder —"

Die Barbox Brothers betrachteten ihn mit großem Missfallen.

„-Kleine Comic-Songs zu komponieren – und was noch schwieriger war – sie anschließend zu singen", sagte Lamps, „das ging damals gegen den Strom, das tat es tatsächlich."

Etwas, das hier nicht nur Öl war, schimmerte Lamps ins Auge, Barbox Brothers zog sein eigenes etwas beunruhigt zurück, sah ins Feuer und stellte einen Fuß auf die oberste Theke. „Warum hast du es dann getan?", fragte er nach einer kurzen Pause; abrupt genug, aber in einem sanfteren Ton. „Wenn du es nicht tun wolltest, warum hast du es dann getan? Wo hast du sie gesungen? Im Wirtshaus?"

Worauf Mr. Lamps die merkwürdige Antwort gab: „Am Bett."

In diesem Moment, während der Reisende ihn erkundigend ansah, zuckte Mugby Junction plötzlich zusammen, zitterte heftig und öffnete seine Gasaugen. „Sie ist aufgestanden!", verkündete Lamps aufgeregt. „Manchmal liegt es in ihrer Macht , manchmal weniger, aber es liegt in ihrer Macht, heute Nacht aufzustehen, bei Gott!"

Die Aufschrift „ Barbox Brothers" in großen weißen Buchstaben auf zwei schwarzen Flächen rollte sehr bald darauf auf einem Lastwagen durch eine stille Straße, und als der Besitzer der Aufschrift eine halbe Stunde lang zitternd auf dem Bürgersteig lag, klopfte der Träger Als er an der Tür des Wirtshauses ankam, schlug er zuerst die ganze Stadt und zuletzt das Wirtshaus nieder, er tastete sich in die Luft eines verschlossenen Hauses und tastete sich so zwischen den Laken eines verschlossenen Bettes hindurch, das offenbar ausdrücklich gekühlt worden war für ihn, als es das letzte Mal gemacht wurde.

II

„Erinnerst du dich an mich, junger Jackson?"

„Woran erinnere ich mich, wenn nicht an dich? Du bist meine erste Erinnerung. Du hast mir gesagt, dass das mein Name ist. Du hast mir erzählt, dass es in meinem Leben jeden zwanzigsten Dezember einen Bußtag gibt, den man Geburtstag nennt. Ich nehme an, die letzte Mitteilung war wahrer als die erste!"

„Wie bin ich, junger Jackson?"

„Für mich bist du das ganze Jahr über wie eine Plage. Du hartgesottene, dünnlippige, repressive, unveränderliche Frau mit einer Wachsmaske. Du bist für mich wie der Teufel; vor allem, wenn du mir religiöse Dinge beibringst, denn du bringst mich dazu, sie zu verabscheuen."

„Erinnern Sie sich an mich, Mr. Young Jackson?" Mit einer anderen Stimme aus einer anderen Gegend.

„Sehr dankbar, Sir. Du warst der Hoffnungsschimmer und der blühende Ehrgeiz in meinem Leben. Als ich Ihren Kurs besuchte, glaubte ich, dass ich ein großer Heiler werden würde, und fühlte mich fast glücklich – obwohl ich immer noch der einzige Gast im Haus mit dieser schrecklichen Maske war und in Stille und Zwang mit ihr aß und trank Maske vor mir, jeden Tag. So wie ich es jeden, jeden, jeden Tag getan habe, während meiner Schulzeit und seit meiner frühesten Erinnerung.“

„Wie bin ich, Mr. Young Jackson?“

„Du bist für mich wie ein überlegenes Wesen. Du bist wie die Natur, die beginnt, sich mir zu offenbaren. Ich höre dich wieder, als einen aus der stillen Menge junger Männer, die sich unter der Kraft deiner Präsenz und deines Wissens entzünden, und du bringst mir die einzigen jubelnden Tränen in die Augen, die jemals in ihnen standen.“

„Erinnern Sie sich an mich, Mr. Young Jackson?“ Mit krächzender Stimme aus einer ganz anderen Richtung.

"Zu gut. Du bist eines Tages gespenstisch in meinem Leben aufgetaucht und hast angekündigt, dass sich sein Verlauf plötzlich und völlig ändern würde. Du hast mir gezeigt, welcher mein ermüdender Platz in der Galeere der Barbox Brothers war. (Wann *sie* es waren, ist mir unbekannt, wenn sie es jemals waren; es gab nichts von ihnen außer dem Namen, als ich mich zum Ruder beugte.) Du hast mir gesagt, was ich tun sollte und was ich bezahlen sollte; Sie haben es mir später in Abständen von mehreren Jahren gesagt, wann ich für die Firma unterschreiben sollte, wann ich Partner wurde, wann ich die Firma wurde. Ich weiß nichts mehr darüber und auch nicht über mich selbst.“

„Wie bin ich, Mr. Young Jackson?“

„Du bist wie mein Vater, denke ich manchmal. Du bist hart und kalt genug, um einen Sohn großzuziehen, den du nicht anerkannt hast. Ich sehe deine dürre Gestalt, deinen engen braunen Anzug und deine enge braune Perücke; aber auch du trägst bis zu deinem Tod eine Wachsmaske. Du nimmst sie nie aus Versehen ab – sie fällt nie aus Versehen ab – und ich weiß nichts mehr von dir.“

Während dieses Dialogs sprach der Reisende morgens an seinem Fenster mit sich selbst, so wie er nachts an der Kreuzung mit sich selbt gesprochen hatte. Und wie er damals in der Dunkelheit ausgesehen hatte, ein Mann, der zu früh grau geworden war, wie ein vernachlässigtes Feuer, so sah er jetzt im Sonnenlicht aus, ein aschergraueres, wie ein Feuer, das durch die Helligkeit der Sonne ausgelöscht wurde.

Die Firma Barbox Brothers war ein Ableger oder ein unregelmäßiger Zweig des Notar- und Wechselbürowesens gewesen. Sie hatte sich schon vor den Tagen des jungen Jackson einen hervorragenden Ruf erworben, und dieser Ruf war ihr und ihm anhaften geblieben. So wie er unmerklich in den Besitz des düsteren Arbeitszimmers in der Ecke eines Hofes an der Lombard Street gelangt war, auf dessen schmutzigen Fenstern sich viele Jahre lang täglich die Aufschrift Barbox Brothers zwischen ihn und den Himmel geschoben hatte, so hatte er sich unmerklich als eine Person wiedergefunden, der man chronisch misstraute, der man bei jedem Geschäft, das er abschloss, unbedingt aufs Wort vertrauen musste, deren Wort nie ohne seine beglaubigte Bürgschaft angenommen werden durfte, gegen die alle Händler offen Wachen und Schutzschilde aufgestellt hatten. Diesen Charakter hatte er ohne sein Zutun angenommen. Es war, als hätte sich der echte Barbox auf dem Büroboden ausgestreckt und den jungen Jackson im Schlaf dorthin bringen lassen und dort eine Seelenwanderung und einen Personenaustausch mit ihm bewirkt . Diese Entdeckung – die wiederum durch den Betrug der einzigen Frau, die er je geliebt hatte, und den Betrug seines einzigen Freundes, der ihn je hatte, begünstigt wurde, der ihn verlassen hatte, um mit ihm zu heiraten – diese Entdeckung, die so weiterverfolgt wurde, vollendete, was seine früheste Erziehung begonnen hatte. Er schrumpfte beschämt in Barbox' Gestalt und hob weder Kopf noch Herz mehr.

Aber schließlich gelang es ihm, seine Lage zu verbessern. Er zerbrach das Ruder, das er so lange benutzt hatte, und versenkte die Galeere. Er verhinderte den allmählichen Rückzug eines alten, konventionellen Geschäfts, indem er die Initiative ergriff und sich davon zurückzog. Mit genug Geld zum Leben (obwohl es letztlich nicht allzu viel war) löschte er die Firma Barbox Brothers aus den Seiten des Post-Office Directory und vom Antlitz der Erde aus und ließ nichts davon übrig außer ihrem Namen auf zwei Koffern.

„Man muss ja einen gewissen Namen haben, wenn man unterwegs ist, damit die Leute ihn verstehen", erklärte er Mugby High-street durch das Gasthausfenster, „und dieser Name war zumindest einmal echt. Wohingegen Young Jackson! – Ganz zu schweigen davon, dass es eine traurige satirische Fehlbezeichnung für Old Jackson ist."

Er nahm seinen Hut und ging hinaus. Gerade noch rechtzeitig, um zu sehen, wie auf der anderen Straßenseite ein in Baumwollsamt gekleideter Mann vorbeikam. Er trug sein Abendessen für den Tag in einem kleinen Bündel, das ohne den Verdacht der Völlerei hätte größer sein können, und rannte mit großem Tempo in Richtung der Kreuzung davon.

„Da sind Lampen!", sagte Barbox Brother. „Und nebenbei –"

Es ist doch lächerlich, dass ein so ernster, so in sich gekehrter Mann, der sich noch nicht einmal seit drei Tagen von seiner Plackerei befreit hat, auf der Straße steht und sich das Kinn reibt, während er sich mit komischen Liedern beschäftigt.

„Am Bett?", sagte Barbox Brothers gereizt. „Singt er sie am Bett? Warum am Bett, es sei denn, er geht betrunken ins Bett? Tut er, das würde mich nicht wundern. Aber das geht mich nichts an. Lassen Sie mich überlegen. Mugby Junction, Mugby Junction. Wohin soll ich als nächstes gehen? Wie mir letzte Nacht in den Sinn kam, als ich aus einem unruhigen Schlaf im Wagen erwachte und mich hier wiederfand, kann ich von hier aus überall hingehen. Wohin soll ich gehen? Ich werde mir die Junction bei Tageslicht ansehen. Es besteht keine Eile, und vielleicht gefällt mir das Aussehen einer Linie besser als das einer anderen."

Aber es gab so viele Zeilen. Als man von einer Brücke an der Kreuzung auf sie herabblickte, schien es, als ob die sich konzentrierenden Unternehmen eine große Industrieausstellung mit den Werken außergewöhnlicher Erdspinnen bildeten, die Eisen drehten. Und dann verliefen so viele Linien so wunderbar, dass sie einander so kreuzten und bogen, dass das Auge sie verlor. Und dann schienen einige von ihnen mit der festen Absicht anzufangen, fünfhundert Meilen zurückzulegen, und gaben es plötzlich an einer unbedeutenden Barriere auf oder bogen in eine Werkstatt ab. Und dann gingen andere, wie betrunkene Männer, ein kleines Stück ganz geradeaus, drehten überraschenderweise um und kamen wieder zurück. Und dann waren andere so vollgestopft mit Lastwagen voller Kohle, andere waren so vollgestopft mit Lastwagen voller Fässer, wieder andere waren so vollgestopft mit Lastwagen voll Ballast, wieder andere waren so sehr für rollende Gegenstände wie riesige eiserne Baumwollspulen reserviert: während andere so waren hell und klar, und andere waren so dem Rost und der Asche und den leerstehenden Schubkarren ausgeliefert, die ihre Beine in der Luft hatten (sie sahen sehr aus wie ihre Herren im Streik), dass es keinen Anfang, keine Mitte und kein Ende gab Verwirrung.

Barbox Brothers stand verwirrt auf der Brücke und fuhr mit der rechten Hand über die Linien auf seiner Stirn, die sich vervielfachten, während er nach unten blickte, als würden die Eisenbahnlinien auf dieser empfindlichen Platte fotografiert. Dann hörte man in der Ferne Glockenläuten und Pfeifen. Dann tauchten perspektivisch aus den Kisten heraus und dann wieder die Köpfe von Männern auf, die wie Puppen aussahen. Dann begannen erstaunliche hölzerne Rasiermesser, die hochkant aufgestellt waren, die Atmosphäre zu rasieren. Dann begannen mehrere Lokomotivmotoren in verschiedenen Richtungen zu schreien und unruhig zu werden. Dann fuhr ein Zug entlang einer Allee ein. Dann tauchten zwei weitere Züge auf, die nicht einfuhren, sondern draußen anhielten. Dann brachen Teile der Züge ab. Dann wurde ein kämpfendes Pferd in sie verwickelt. Dann teilten die Lokomotiven die Zugteile und liefen mit dem Ganzen davon.

„Ich habe meinen nächsten Schritt dadurch nicht viel deutlicher gemacht. Keine Eile. Ich muss mich weder heute noch morgen noch übermorgen entscheiden. Ich werde einen Spaziergang machen."

Irgendwie ergab es sich (vielleicht war es seine Absicht), dass der Weg zu dem Bahnsteig führte, an dem er ausgestiegen war, und zu Lamps' Zimmer. Aber Lamps war nicht in seinem Zimmer. Ein Paar samtene Schultern passten sich einem der Abdrücke an der Wand neben Lamps' Kamin an, aber ansonsten war das Zimmer leer. Als er zurückging, um den Bahnhof wieder zu verlassen, erfuhr er den Grund für diese Leere, als er Lamps auf der gegenüberliegenden Eisenbahnlinie erblickte, wie er auf dem Dach eines Zuges von Waggon zu Waggon hüpfte und leuchtende Namensvetter auffing, die ihm ein Koadjutor zuwarf.

„Er ist beschäftigt. Ich nehme an, er hat heute Morgen nicht viel Zeit, komische Lieder zu komponieren oder zu singen."

Die Richtung, die er nun einschlug, führte ins Landesinnere, wobei er sich sehr nah an der Seite einer großen Eisenbahnlinie hielt und andere leicht sehen konnte. „Ich habe fast Lust", sagte er und blickte sich um, „die Frage von diesem Punkt aus zu klären, indem ich sage: ‚Ich nehme dieses Schienenset oder jenes oder das andere und bleibe dabei.' Sie trennen sich von der Verwirrung hier draußen und gehen ihrer Wege."

Er stieg einen sanften Hügel hinauf und gelangte zu einigen Hütten. Dort blickte er sich um wie ein sehr zurückhaltender Mann, der sich noch nie zuvor in seinem Leben umgesehen hatte, und sah, wie sechs oder acht kleine Kinder fröhlich marschieren und jubelten, aus einer der Hütten kamen und sich zerstreuten. Aber erst, als sie sich alle am kleinen Gartentor umgedreht hatten und ihre Hände zu einem Gesicht am oberen Fenster geküsst hatten: Es war ein niedriges Fenster, wenn auch das obere, denn das Cottage hatte nur ein Stockwerk mit einem Raum über dem Boden.

Nun, dass die Kinder dies tun sollten, war nichts; Dass sie dies aber einem Gesicht antun sollten, das auf dem Fensterbrett des offenen Fensters lag und ihnen in horizontaler Position zugewandt war und offenbar nur ein Gesicht war, war etwas Auffälliges. Er blickte erneut zum Fenster hoch. Konnte nur ein sehr zerbrechliches, wenn auch sehr helles Gesicht sehen, das auf einer Wange auf dem Fensterbrett lag. Das zarte lächelnde Gesicht eines Mädchens oder einer Frau. Umrahmt von langen hellbraunen Haaren, um die ein hellblaues Band oder eine Leiste gebunden war, die bis unter das Kinn reichte.

Er ging weiter, drehte sich um, ging wieder am Fenster vorbei, blickte wieder schüchtern auf. Keine Veränderung. Er bog auf eine gewundene Nebenstraße oben auf dem Hügel ab – den er sonst hinabgestiegen sein musste –, behielt die Hütten im Blick, ging in einiger Entfernung darum herum, um wieder auf die Hauptstraße zu kommen und wieder an den Hütten vorbeigehen zu müssen. Das Gesicht lag noch immer auf dem Fensterbrett, aber nicht mehr so sehr ihm zugeneigt. Und jetzt waren da auch ein paar zarte Hände. Sie taten so, als würden sie auf einem Musikinstrument spielen, und doch kam kein Ton dabei heraus, der sein Ohr erreichte.

„ Mugby Junction muss der verrückteste Ort in England sein", sagte Barbox Brothers und setzte seinen Weg den Hügel hinunter fort. „Das erste, was ich hier finde, ist ein Eisenbahnträger, der komische Lieder komponiert, um sie an seinem Bett zu singen. Das zweite, was ich hier finde, ist ein Gesicht und ein Paar Hände, die ein Musikinstrument spielen, das nicht spielt!"

Es war ein schöner, heller Tag Anfang November, die Luft war klar und belebend und die Landschaft war reich an schönen Farben . Die vorherrschenden Farben im Hof an der Lombard Street in der Londoner Innenstadt waren spärlich und düster gewesen . Manchmal, wenn das Wetter anderswo wirklich sehr hell war, genossen die Bewohner dieser Zelte ein oder zwei pfeffer- und salzfarbene Tage , aber die Atmosphäre in ihrer Umgebung war normalerweise schiefer- oder schnupftabakfarben .

Der Spaziergang gefiel ihm so gut, dass er ihn am nächsten Tag wiederholte. Er war etwas früher in der Hütte als am Tag zuvor und konnte die Kinder oben in regelmäßigem Takt singen und mit den Händen den Takt klatschen hören.

„Immer noch ist kein Ton eines Musikinstruments zu hören", sagte er, während er in der Ecke lauschte, „und doch sah ich die spielenden Hände wieder, als ich vorbeikam. Was singen die Kinder? Aber, lieber Gott, sie können doch nicht das kleine Einmaleins singen!"

Sie waren ernsthaft und hatten unendlich viel Spaß. Dem geheimnisvollen Gesicht war eine Stimme beigefügt, die die Kinder gelegentlich auf den richtigen Weg führte oder aufklärte. Ihre musikalische Fröhlichkeit war entzückend. Der Takt hörte schließlich auf und wurde von einem Gemurmel junger Stimmen abgelöst und dann von einem kurzen Lied, das er als über den aktuellen Monat des Jahres und darüber, welche Arbeit er den Arbeitern auf den Feldern und Bauernhöfen brachte, entlarvte. Dann hörte man ein Geschrei kleiner Füße und die Kinder kamen truppweise und jubelnd heraus, wie am Vortag. Und wieder, wie am Vortag, drehten sie sich alle am Gartentor um und küssten ihre Hände – offensichtlich dem Gesicht auf dem Fensterbrett, obwohl Barbox Brothers es von seinem abgelegenen, ungünstigen Posten an der Ecke aus nicht sehen konnte.

Doch als die Kinder sich zerstreuten, schnitt er einen kleinen Nachzügler ab
– einen braungesichtigen Jungen mit flachsblonden Haaren – und sagte zu
ihm:

„Komm her, Kleiner. Sag mir, wessen Haus ist das?“

Das Kind, das einen dunkelhäutigen Arm vor die Augen hielt, halb
schüchtern, halb bereit zur Verteidigung , sagte hinter der Innenseite seines
Ellenbogens:

„ Phoebes .“

„Und wer“, sagte Barbox Brothers, dem seine Rolle in dem Dialog genauso
peinlich war, wie das Kind überhaupt sein konnte, „ist Phoebe ?“

Darauf antwortete das Kind: „Warum, Phoebe , natürlich.“

Der kleine, aber scharfsinnige Beobachter hatte seinen Fragesteller genau
beobachtet und sein moralisches Maß genommen. Er ließ seine Wachsamkeit
nach und schlug eher einen Ton mit ihm an: als hätte er entdeckt, dass er ein
ungeübter Mensch in der Kunst der höflichen Konversation war.

„ Phöbe “, sagte das Kind, „kann kein anderer sein als Phoebe . “ Kann sie?"

„Nein, ich denke nicht.“

„Nun“, erwiderte das Kind, „warum hast du mich dann gefragt?“

Barbox Brothers hielt es für ratsam, seinen Standpunkt zu ändern, und nahm
eine neue Position ein.

"Was tust du da? Dort oben in dem Raum, wo das offene Fenster ist. Was
tust du da?"

„Cool“, sagte das Kind.

„Äh?“

„Co-o- ol “, wiederholte das Kind mit lauterer Stimme und dehnte das Wort
mit starrem Blick und großer Betonung, als wollte es sagen: „Was nützt es,
dass du erwachsen bist, wenn du so ein Esel bist, mich nicht zu verstehen?“

„Ah! Schule, Schule“, sagte Barbox Brothers. „Ja, ja, ja. Und Phoebe
unterrichtet dich?“

Das Kind nickte.

"Guter Junge."

„ Hast du es herausgefunden ?“, sagte das Kind.

„Ja, ich habe es herausgefunden. Was würdest du mit zwei Pence machen ,
wenn ich sie dir gäbe?“

„Warte."

Die niederschmetternde Schnelligkeit dieser Antwort ließ ihm keinen Halt mehr. Barbox Brothers zog mit großer Lahmheit die zwei Pence hervor und zog sich gedemütigt zurück.

Doch als er beim Vorbeigehen am Häuschen das Gesicht auf dem Fensterbrett sah, nahm er es mit einer Geste zur Kenntnis, die kein Nicken, keine Verbeugung und kein Abnehmen des Hutes war, sondern ein schüchterner Kompromiss oder Kampf mit allen dreien. Die Augen im Gesicht schienen belustigt oder aufgeheitert oder beides, und die Lippen sagten bescheiden: „Guten Tag, Sir."

„Ich glaube, ich muss eine Zeit lang bei Mugby Junction bleiben", sagte Barbox Brothers mit viel Ernsthaftigkeit, nachdem er auf dem Rückweg noch einmal angehalten hatte, um sich die Linien anzusehen, auf denen sie so ruhig ihre verschiedenen Wege gegangen waren. „Ich kann mich noch nicht entscheiden, welche Eisenstraße ich nehmen soll. Tatsächlich muss ich mich erst ein wenig an die Junction gewöhnen, bevor ich mich entscheiden kann."

Also verkündete er im Gasthof, dass er „vorerst bleiben" würde, und vertiefte seine Bekanntschaft mit dem Junction an diesem Abend und am nächsten Morgen und am nächsten Abend und Morgen: Er ging zum Bahnhof, mischte sich unter die Leute dort, sah sich auf allen Gleisen um und begann, sich für die ein- und ausgehenden Züge zu interessieren. Anfangs steckte er oft seinen Kopf in Lamps' kleines Zimmer, aber er fand Lamps nie dort. Ein oder zwei Paar Samtschultern fand er dort gewöhnlich, über das Feuer gebeugt, manchmal in Verbindung mit einem gefalteten Messer und einem Stück Brot und Fleisch; aber die Antwort auf seine Frage „Wo ist Lamps?" war entweder, dass er „auf der anderen Seite der Linie" war, oder dass er frei hatte, oder (im letzteren Fall) seine persönliche Vorstellung bei einem anderen Lamps, der nicht sein Lamps war. Allerdings war er jetzt nicht so verzweifelt darauf versessen, Lamps zu sehen, aber er ertrug die Enttäuschung. Er widmete sich auch nicht so sehr seinem strengen Studium von Mugby Junction, dass er die körperliche Betätigung vernachlässigte. Im Gegenteil, er machte jeden Tag einen Spaziergang, und zwar immer denselben Spaziergang. Aber das Wetter wurde wieder kalt und nass, und das Fenster war nie offen.

III

Endlich, nach einigen Tagen, kam ein weiterer Streifen schönen, hellen, winterharten Herbstwetters. Es war ein Samstag. Das Fenster war offen und die Kinder waren weg. Das war nicht verwunderlich, denn er hatte geduldig an der Ecke zugesehen und gewartet, bis sie verschwunden *waren* .

„Guten Tag", sagte er ins Gesicht; Dieses Mal bekommt er absolut seinen Hut vom Kopf.

"Guten Tag der Herr."

„Ich freue mich, dass du wieder einen schönen Himmel zum Anschauen hast."

"Danke mein Herr. Es ist nett von dir."

„Du bist ein Invalide, fürchte ich?"

"Nein Sir. Ich bin gesundheitlich sehr gut."

„Aber liegst du nicht immer?"

„Oh ja, ich liege immer, weil ich nicht sitzen kann. Aber ich bin kein Invalide."

Die lachenden Augen schienen seinen großen Fehler sehr zu genießen.

„Würden Sie sich die Mühe machen, hereinzukommen, Sir? Von diesem Fenster hat man einen schönen Ausblick. Und Sie würden sehen, dass ich überhaupt nicht krank bin – ich bin so freundlich, mich darum zu kümmern."

Es hieß, es helfe ihm, da er unschlüssig dastand, aber offensichtlich den Wunsch hegte, einzutreten, mit seiner schüchternen Hand auf dem Riegel des Gartentors. Es half ihm, und er ging hinein.

Das Zimmer oben war ein sehr sauberes, weißes Zimmer mit niedrigem Dach. Die einzige Insassin lag auf einer Couch, die ihr Gesicht auf eine Höhe mit dem Fenster brachte. Auch die Couch war weiß; Und da ihr schlichtes Kleid oder Umhang ebenso hellblau war wie das Band um ihr Haar, hatte sie ein ätherisches Aussehen und den fantasievollen Eindruck, als läge sie zwischen Wolken. Er hatte das Gefühl, dass sie ihn instinktiv als einen niedergeschlagenen, schweigsamen Mann wahrnahm; Es war für ihn eine weitere Hilfe, dass er dieses Verständnis so leicht etablieren und überwinden konnte.

Dennoch verspürte er einen unangenehmen Zwang, als er ihre Hand berührte und sich auf einen Stuhl neben ihrem Sofa setzte.

„Ich sehe jetzt", begann er, überhaupt nicht flüssig, „wie Sie Ihre Hände beschäftigen. Als ich dich nur vom Weg draußen sah, dachte ich, du spielst mit etwas."

Sie beschäftigte sich sehr flink und geschickt mit der Herstellung von Spitzen. Auf ihrer Brust lag ein Spitzenkissen; und die schnellen Bewegungen und Veränderungen ihrer Hände darauf, während sie arbeitete, hatten ihnen die Aktion verliehen, die er falsch interpretiert hatte.

„Das ist merkwürdig", antwortete sie mit einem strahlenden Lächeln. „Denn ich selbst habe oft den Eindruck, dass ich bei der Arbeit Musik spiele."

„Haben Sie musikalische Kenntnisse?"

Sie schüttelte den Kopf.

„Ich glaube, ich könnte mir Melodien aussuchen, wenn ich ein Instrument hätte, das mir genauso praktisch wäre wie mein Spitzenkissen. Aber ich wage zu behaupten, dass ich mich selbst betrüge. Auf jeden Fall werde ich es nie erfahren."

„Du hast eine musikalische Stimme. Verzeihung; Ich habe dich singen gehört."

"Mit den Kindern?" antwortete sie leicht errötend . "Oh ja. Ich singe mit den lieben Kindern, wenn man das Singen nennen kann."

Barbox Brothers warf einen Blick auf die beiden kleinen Gestalten im Raum und wagte die Vermutung, dass sie Kinder liebte und dass sie in neuen Lehrsystemen für Kinder bewandert war? „Ich mag sie sehr", sagte sie und schüttelte erneut den Kopf. „Aber ich weiß nichts vom Unterrichten, abgesehen von dem Interesse, das ich daran habe, und der Freude, die es mir bereitet, wenn sie lernen. Vielleicht hat Ihr Zuhören, wie meine kleinen Schüler einige ihrer Lektionen singen, Sie so weit in die Irre geführt, dass Sie mich für einen großen Lehrer halten? Ah! Ich dachte auch! Nein, ich habe nur etwas über dieses System gelesen und erfahren. Es kam mir so hübsch und angenehm vor, und sie so wie die fröhlichen Rotkehlchen zu behandeln, die sie sind, dass ich mich auf meine Art damit beschäftigt habe. Man muss Ihnen nicht sagen, was für ein sehr kleiner Weg meiner ist, Sir", fügte sie mit einem Blick auf die kleinen Formen und den Blick durch den Raum hinzu.

Die ganze Zeit über waren ihre Hände mit ihrem Spitzenkissen beschäftigt. Da sie immer noch so weitermachten und das Klicken und Spielen der Stifte eine Art Gesprächsersatz darstellte, nutzten die Barbox Brothers die Gelegenheit, sie zu beobachten. Er schätzte sie auf dreißig. Der Charme ihres durchsichtigen Gesichts und der großen hellbraunen Augen bestand nicht darin, dass sie passiv resigniert waren, sondern dass sie aktiv und durch und durch fröhlich waren. Sogar ihre geschäftigen Hände, die allein aufgrund ihrer eigenen Schlankheit Mitleid hatten erbitten können, erfüllten ihre Aufgabe mit einem heiteren Mut, der bloßes Mitleid zu einer ungerechtfertigten Annahme von Überlegenheit und einer Unverschämtheit machte.

Er sah, wie sich ihre Augen zu ihm hoben, und er richtete seine Augen auf die Aussicht und sagte: „Wirklich schön!"

„Wunderschön, Sir. Manchmal hatte ich die Vorstellung, ich würde mich gern einmal aufsetzen, nur um zu sehen, wie es mit einem aufrechten Kopf aussieht. Aber das wäre eine törichte Vorstellung! Es kann für niemanden schöner aussehen als für mich."

Während sie sprach, blickte sie mit größter Bewunderung und Freude darauf. Es war nicht die geringste Spur eines Gefühls der Entbehrung darin zu erkennen.

„Und diese Eisenbahnstrecken mit ihren Rauch- und Dampfwolken, die so schnell die Orte wechseln, machen es für mich so lebendig", fuhr sie fort. „Ich denke an die vielen Menschen, die dorthin gehen *können* , wohin sie wollen, geschäftlich oder zum Vergnügen; ich erinnere mich, dass die Rauchwolken mir signalisieren, dass sie tatsächlich unterwegs sind, während ich hinschaue; und das belebt die Aussicht mit viel Gesellschaft, wenn ich Gesellschaft will. Da ist auch die große Kreuzung. Ich sehe sie nicht am Fuße des Hügels, aber ich kann sie sehr oft hören und weiß immer, dass sie da ist. Sie scheint mich in gewisser Weise mit ich weiß nicht wie vielen Orten und Dingen zu verbinden, die *ich* nie sehen werde."

Mit dem verlegenen Gedanken, es könnte sich bereits mit etwas verbunden haben, das er noch nie gesehen hatte, sagte er verhalten: „Genau so."

„Und so sehen Sie, Sir", fuhr Phoebe fort , „ich bin nicht der Invalide, den Sie für mich gehalten haben, und es geht mir wirklich sehr gut."

„Sie haben ein glückliches Gemüt", sagte Barbox Brothers, vielleicht mit einem leicht entschuldigenden Touch für sein eigenes Gemüt.

"Ah! Aber du solltest meinen Vater kennen", antwortete sie. „Er hat ein glückliches Gemüt! – Machen Sie sich nichts aus, Sir!" Denn seine Zurückhaltung wurde bei einer Stufe auf der Treppe alarmiert, und er befürchtete, dass man ihn für einen lästigen Eindringling halten würde. „Hier kommt mein Vater."

Die Tür öffnete sich und der Vater blieb stehen.

„Warum, Lampen!" rief Barbox Brothers und sprang von seinem Stuhl auf. „Wie geht es dir, Lamps?"

Woraufhin Lamps antwortete: „Der Gentleman für Nirgendwo! Wie geht es Ihnen , Sir?"

Und sie schüttelten sich die Hände, zur größten Bewunderung und Überraschung von Lamps Tochter.

„Ich habe Sie seit jener Nacht ein halbes Dutzend Mal gesucht", sagten die Barbox Brothers, „aber ich habe Sie nie gefunden."

„ Das habe ich gehört , Sir, das habe ich gehört ", erwiderte Lamps. „Weil Sie so oft unten an der Kreuzung gesehen wurden, ohne einen Zug zu nehmen, hat man Ihnen bei uns allmählich den Namen ‚Gentleman für Nirgendwo' eingebracht. Ich hoffe, es ist nicht beleidigend, dass ich Sie so genannt habe, als ich überrascht wurde, Sir?"

„Überhaupt nicht. Das ist für mich ein ebenso guter Name wie jeder andere, mit dem Sie mich anreden könnten. Aber darf ich Ihnen hier in der Ecke eine Frage stellen?"

Lamps ließ es zu, dass man ihn an einem Knopf seiner Samtjacke von der Couch seiner Tochter wegführte.

„Ist das das Bett, an dem Sie Ihre Lieder singen?"

Lamps nickte.

Der Herr aus Nirgendwo klopfte ihm auf die Schulter und sie drehten sich wieder um.

„Auf mein Wort, meine Liebe", sagte Lamps dann zu seiner Tochter und blickte von ihr zu ihrer Besucherin, „es erstaunt mich so sehr, dass Sie die Bekanntschaft dieses Herrn gemacht haben, dass ich (wenn dieser Herr mich entschuldigen würde) eine Runde trinken muss."

Mr. Lamps demonstrierte dies in Aktion, indem er sein öliges, zu einem Ball zusammengerolltes Taschentuch hervorzog und sich damit aufwendig einschmierte, vom hinter dem rechten Ohr über die Wange hinauf, über die Stirn und die andere Wange hinunter bis hinter das linke Ohr. Nach dieser Operation strahlte er außerordentlich.

„Das ist meine Gewohnheit, wenn ich durch irgendeine Aufregung besonders aufgeregt bin, Sir", entschuldigte er sich. „Und wirklich, ich bin so erstaunt, dass ich, wenn ich Sie mit Phoebe bekannt gemacht habe, dass ich – dass ich glaube, ich werde, wenn Sie mich entschuldigen, noch eine Runde trinken." Was er tat und sich dadurch offenbar sehr erholt zu fühlen schien.

Sie standen nun beide neben ihrem Sofa und sie arbeitete an ihrem Spitzenkissen. „Deine Tochter sagt es mir ", sagte sie Barbox Brothers, immer noch mit halb widerstrebender, beschamter Miene, „dass sie sich nie aufsetzt."

„Nein, Sir, das hat es auch noch nie getan. Denn ihre Mutter (die starb, als sie ein Jahr und zwei Monate alt war) litt unter sehr schlimmen Anfällen, und da sie mir gegenüber nie erwähnt hatte, dass sie anfällig für Anfälle *war* , konnte man sich davor nicht schützen. Infolgedessen ließ sic das Baby fallen, als es weggenommen wurde, und das passierte."

„Es war sehr falsch von ihr", sagte Barbox Brothers mit gerunzelter Stirn, „Sie zu heiraten und dabei ein Geheimnis aus ihrer Gebrechlichkeit zu machen."

„Nun, Sir", flehte Lamps im Namen des längst Verstorbenen. „Sehen Sie, Phoebe und ich, wir haben auch darüber gesprochen. Und Herr segne uns! Solch eine Zahl trägt unsere Gebrechen, sowohl Anfälle als auch Außenseiter, der einen oder anderen Art, sodass die meisten von uns vielleicht nie heiraten würden, wenn wir ihnen allen gestehen würden, bevor wir geheiratet haben."

„Könnte das nicht zum Besseren sein?"

„In diesem Fall nicht, Sir", sagte Phoebe und reichte ihrem Vater die Hand.

„Nein, in diesem Fall nicht, Sir", sagte ihr Vater und klopfte es zwischen sich.

„Sie korrigieren mich", erwiderten Barbox Brothers errötend; „und ich muss so wie ein Tier aussehen, dass es auf jeden Fall überflüssig wäre, *diese* Schwäche zuzugeben. Ich wünschte, Sie würden mir etwas mehr über sich erzählen. Ich weiß kaum, wie ich Sie darum bitten soll, denn ich bin mir bewusst, dass ich ein schlechtes, steifes Benehmen habe, ein langweiliges, entmutigendes Wesen, aber ich wünschte, Sie würden es tun."

„Von ganzem Herzen, Sir", erwiderte Lamps fröhlich für beide. „Und vor allem, damit Sie meinen Namen kennen –"

„Bleib!", unterbrach ihn der Besucher mit leichtem Erröten. „Was bedeutet dein Name? Lampen sind für mich Name genug. Ich mag es. Es ist hell und ausdrucksstark. Was will ich mehr!"

„Warum sicher, Sir", erwiderte Lamps. „Ich habe im Allgemeinen keinen anderen Namen unten an der Kreuzung; aber ich dachte, weil Sie als erstklassiger Single hier sind, in einer Privatperson, könnten Sie –"

Der Besucher wischte den Gedanken mit der Hand ab, und Lamps quittierte das Zeichen des Selbstvertrauens mit einem weiteren Schlagball.

„Du bist fleißig, das halte ich für selbstverständlich?" sagte Barbox Brothers, als das Thema des Allrounders viel schmutziger herauskam, als er darauf einging.

Lamps fing gerade an: „Nicht besonders" – als seine Tochter ihn hochnahm.

„O ja, Sir, er ist sehr fleißig. Vierzehn, fünfzehn, achtzehn Stunden am Tag. Manchmal vierundzwanzig Stunden am Stück."

„Und Sie", sagten die Barbox Brothers, „mit Ihrer Schule, Phoebe , und mit Ihrer Spitzenklöppelei –"

„Aber meine Schule macht mir Freude", unterbrach sie und öffnete ihre braunen Augen noch weiter, als wäre sie überrascht, ihn so stumpfsinnig zu finden. „Ich habe damit begonnen, als ich noch ein Kind war, weil es mich und andere Kinder in Gesellschaft gebracht hat, verstehen Sie? *Das* war keine Arbeit. Ich mache es immer noch weiter, weil es Kinder an mich bindet. *Das* ist keine Arbeit. Ich mache es aus Liebe, nicht als Arbeit. Dann mein Spitzenkissen;" Ihre geschäftigen Hände hatten aufgehört, als ob ihre Argumentation ihren ganzen heiteren Ernst erforderte, und machten nun bei dem Namen wieder weiter; „Es passt zu meinen Gedanken, wenn ich denke, und es passt zu meinen Melodien, wenn ich welche summe, und *das ist* keine Arbeit." Sie selbst dachten, es sei Musik, wissen Sie, Sir. Und so ist es für mich."

"Alles ist!" rief Lamps strahlend. „Für sie ist alles Musik, Sir."

„Mein Vater ist es jedenfalls", sagte Phoebe und zeigte jubelnd mit ihrem dünnen Zeigefinger auf ihn. „In meinem Vater steckt mehr Musik als in einer Blaskapelle."

"Ich sage! Mein Schatz! Es ist sehr geschickt gemacht, wissen Sie; aber du schmeichelst deinem Vater", protestierte er strahlend.

„ Nein , das bin ich nicht, Sir, das versichere ich Ihnen. Nein, das bin ich nicht. Wenn Sie meinen Vater singen horen könnten, wüssten Sie, dass ich es nicht bin. Aber Sie werden ihn nie singen hören, denn er singt nie für jemand anderen als für mich. Egal wie müde er ist, er singt mir immer etwas vor, wenn er nach Hause kommt. Als ich vor langer Zeit hier lag, eine ganz arme, kleine, kaputte Puppe, pflegte er mir etwas vorzusingen. Mehr noch, er pflegte Lieder zu machen und dabei alle kleinen Witze einzubringen, die wir untereinander hatten. Mehr noch, er tut das oft bis heute. Oh! Ich werde von Ihnen erzählen, Vater, da der Herr nach Ihnen gefragt hat. Er ist ein Dichter, Sir."

„Ich würde dem Herrn nicht wünschen, mein Lieber", bemerkte Lamps, der für einen Moment ernst wurde, „die Meinung Ihres Vaters wegzureißen, denn es könnte so aussehen, als ob ich dazu neigte, die Sterne auf molloncolly- Art zu fragen, was? sie hatten es vor. Das würde ich mir nicht sofort erlauben, meine Zeit zu verschwenden und mir die Freiheit zu nehmen, meine Liebe."

„Mein Vater", fuhr Phoebe fort und änderte ihren Text, „ist immer auf der positiven Seite und auf der guten Seite." Du hast mir gerade gesagt , dass ich ein glückliches Gemüt hatte. Wie kann ich dagegen helfen?"

"Also! Aber mein Lieber", erwiderte Lamps argumentativ, „wie kann *ich* dagegen vorgehen? Sagen Sie es sich selbst, Sir. Schau sie an. Immer so, wie du sie jetzt siehst. Immer arbeitend – und immerhin, mein Herr, für nur ein paar Schilling pro Woche – immer zufrieden, immer lebhaft, immer an anderen interessiert, egal welcher Art. Ich sagte, in diesem Moment war sie immer so, wie du sie jetzt siehst. Das ist sie auch, mit einem Unterschied, der im Großen und Ganzen derselbe ist. Denn wenn es mein freier Sonntag ist und die Morgenglocken nicht mehr läuten, höre ich die Gebete und Danksagungen auf die rührendste Weise vorlesen, und mir werden die Hymnen vorgesungen – so leise, mein Herr, dass man sie nicht hören konnte dieses Zimmers – in Notizen, die mir, da bin ich sicher, so vorkommen, als kämen sie vom Himmel und kehren dorthin zurück."

Vielleicht lag es einfach an der Assoziation dieser Worte mit ihrer heiligen, ruhigen Zeit, oder vielleicht an der umfassenderen Assoziation der Worte mit der Anwesenheit des Erlösers neben dem Bettlägerigen; doch hier blieben ihre geschickten Finger auf dem Spitzenkissen stehen und schlangen sich um seinen Hals, als er sich bückte. Sowohl Vater als auch Tochter besaßen eine große natürliche Sensibilität, das konnte der Besucher leicht erkennen; doch jeder tat dies um des anderen willen zurückhaltend, nicht demonstrativ; und vollkommene Fröhlichkeit, intuitiv oder anerzogen, war entweder die erste oder zweite Natur beider. In wenigen Augenblicken nahm Lamps mit strahlenden komischen Gesichtszügen eine weitere Runde, während Phoebes lachende Augen (nur ein glitzernder Fleck oder so auf ihren Wimpern) abwechselnd wieder auf ihn, ihre Arbeit und Barbox Brothers gerichtet waren.

„Wenn mein Vater, Sir", sagte sie fröhlich, „Ihnen erzählt, dass ich mich für andere Menschen interessiere, obwohl sie nichts über mich wissen – was ich Ihnen übrigens selbst erzählt habe –, dann sollten Sie wissen, wie das zustande kommt. Das ist das Werk meines Vaters."

„Nein, ist es nicht!", protestierte er.

„Glauben Sie ihm nicht, Sir; Ja, so ist es. Er erzählt mir alles, was er bei seiner Arbeit sieht. Sie werden überrascht sein, wie viel er jeden Tag für mich zusammenbringt. Er schaut in die Kutschen und erzählt mir, wie die Damen gekleidet sind – damit ich alle Moden kenne! Er schaut in die Waggons und erzählt mir, welche Liebespaare er sieht und welche frisch verheirateten Paare auf ihrer Hochzeitsreise – damit ich alles darüber weiß! Er sammelt zufällig Zeitungen und Bücher – damit ich viel zu lesen habe! Er erzählt mir von den kranken Menschen, die auf Reisen sind, um sich zu erholen – damit ich alles über sie weiß! Kurz gesagt, wie ich schon zu Beginn gesagt habe, erzählt er mir alles, was er sieht und ausmacht, während er bei der Arbeit ist, und man kann sich gar nicht vorstellen, was für eine Menge er sieht und ausmacht."

„Was das Sammeln von Zeitungen und Büchern angeht, mein Lieber", sagte Lamps, „ist es klar, dass ich darin keinen Verdienst haben kann, weil sie nicht zu meinen Nebenleistungen gehören. Sehen Sie, Sir, es ist so: Ein Wachmann wird zu mir sagen: „Hallo, hier sind Sie, Lamps." Ich habe dieses Papier für Ihre Tochter aufbewahrt. Wie geht es ihr ? ' Als Oberträger sagt er zu mir: „Hier!" Fang fest, Lampen. Hier sind ein paar Wollumes für Ihre Tochter. Ist sie noch ziemlich da, wo sie war ?' Und genau das macht es doppelt willkommen. Wenn sie tausend Pfund in einer Kiste hätte, würden sie sich nicht um sie kümmern; Aber so wie sie ist – das heißt, verstehen Sie", fügte Lamps etwas hastig hinzu, „da sie keine tausend Pfund in einer Kiste hat – denken sie an sie. Und was die jungen Paare betrifft, verheiratet und unverheiratet, ist es nur natürlich, dass ich so wenig wie möglich über *sie mit nach Hause bringe, da es in der* Nachbarschaft kein Paar dieser Art gibt, das sich nicht aus eigenem Antrieb Phoebe anvertraut ."

Sie hob triumphierend den Blick zu Barbox Brothers und sagte:

„In der Tat, Sir, das ist wahr. Wenn ich aufstehen und in die Kirche gehen könnte, weiß ich nicht, wie oft ich Brautjungfer gewesen wäre. Aber wenn ich das hätte tun können, wären einige verliebte Mädchen vielleicht eifersüchtig auf mich gewesen, und so ist es, kein Mädchen ist eifersüchtig auf mich. Und mein Kissen wäre nicht halb so bereit gewesen, das Stück Kuchen darunter zu legen, wie ich es immer vorfinde", fügte sie hinzu, drehte ihr Gesicht mit einem leichten Seufzer darauf und lächelte ihren Vater an.

Die Ankunft eines kleinen Mädchens, der größten der Schülerinnen, führte nun zu dem Verständnis seitens der Barbox Brothers, dass sie die Hausangestellte des Häuschens war und gekommen war, um dort aktive Maßnahmen zu ergreifen, begleitet von einem Eimer, der sie hätte löschen können, und einem Besen, der dreimal so groß war wie sie. Er stand daher auf, um sich zu verabschieden, und tat es mit den Worten, dass er wiederkommen würde, wenn Phöbe nichts dagegen hätte.

Er hatte gemurmelt, er würde „im Laufe seiner Spaziergänge" kommen. Der Verlauf seiner Spaziergänge muss seiner Rückkehr sehr förderlich gewesen sein , denn er kehrte nach nur einem Tag zurück.

„Du dachtest wohl, du würdest mich nie wieder sehen?", sagte er zu Phoebe , als er ihre Hand berührte und sich neben ihr Sofa setzte.

„Warum sollte ich das denken!" war ihre überraschte Erwiderung.

„Ich ging davon aus, dass du mir misstrauen wurdest."

„Selbstverständlich, Sir? Hat man Ihnen so viel Misstrauen entgegengebracht?"

„Ich denke, dass ich berechtigt bin, mit „Ja" zu antworten. Aber vielleicht hatte ich auch meinerseits Misstrauen. Egal, gerade jetzt. Letztes Mal haben wir von der Kreuzung gesprochen. Ich habe dort seit vorgestern Stunden verbracht."

„Sind Sie jetzt der Gentleman für Somewhere?" sie fragte mit einem Lächeln.

„ Sicherlich für Irgendwo; aber ich weiß noch nicht wo. Sie würden nie erraten, woher ich reise. Soll ich es dir erzählen? Ich reise ab meinem Geburtstag."

Ihre Hände hielten in ihrer Arbeit inne und sie sah ihn mit ungläubigem Erstaunen an.

„Ja", sagte Barbox Brothers, nicht ganz bequem in seinem Stuhl sitzend, „von meinem Geburtstag an. Für mich selbst bin ich ein unverständliches Buch, dessen frühere Kapitel alle herausgerissen und weggeworfen wurden. Meine Kindheit hatte nicht die Anmut der Kindheit, meine Jugend hatte nicht den Charme der Jugend, und was kann man von einem so verlorenen Anfang erwarten?" Seine Augen trafen ihre, als sie eindringlich auf ihn gerichtet waren, und etwas schien sich in seiner Brust zu regen und zu flüstern: „War dieses Bett ein Ort, an den man die Anmut der Kindheit und den Charme der Jugend bringen konnte, und zwar freundlicherweise? O Schande, Schande!"

„Es ist eine Krankheit von mir", sagte Barbox Brothers, sich zurückhaltend und so tund, als hätte er Schwierigkeiten, etwas herunterzuschlucken, „in dieser Hinsicht falsch zu liegen. Ich weiß nicht, wie ich dazu kam, davon zu sprechen. Ich hoffe, es liegt an einem alten, fehlgeleiteten Vertrauen in eine Person Ihres Geschlechts , das mit einem alten, bitteren Verrat verbunden ist. Ich weiß nicht. Ich liege völlig falsch."

Ihre Hände nahmen leise und langsam ihre Arbeit wieder auf. Als er sie ansah, sah er, dass ihre Augen ihnen nachdenklich folgten.

„Ich verreise von meinem Geburtstag", fuhr er fort, „weil es für mich immer ein trübseliger Tag war. Mein erster freier Geburtstag ist in etwa fünf oder sechs Wochen, und ich verreise, um die vorherigen weit hinter mir zu lassen und zu versuchen, den Tag zu vernichten – oder ihn jedenfalls aus den Augen zu verdrängen – indem ich ihm neue Dinge zulege."

Als er innehielt, sah sie ihn an; aber sie schüttelte nur den Kopf, da sie ziemlich ratlos war.

„Das ist für Ihr glückliches Gemüt unverständlich", fuhr er fort und blieb dabei bei seinem früheren Satz, als ob darin noch eine gewisse Tugend der Selbstverteidigung steckte: „Ich wusste, dass es so sein würde, und bin froh, dass es so ist. Auf meiner Reise (auf der ich den Rest meiner Tage verbringen möchte, nachdem ich jeden Gedanken an ein festes Zuhause aufgegeben habe) hielt ich jedoch, wie Sie von Ihrem Vater gehört haben, hier an der Kreuzung an. Das Ausmaß seiner Auswirkungen verwirrte mich ziemlich darüber, wohin ich *von* hier aus gehen sollte. Ich habe mich noch nicht eingelebt und bin immer noch ratlos auf so vielen Straßen. Was denkst du, was ich vorhabe? Wie viele der abzweigenden Straßen können Sie von Ihrem Fenster aus sehen?"

Sie blickte voller Interesse hinaus und antwortete: „Sieben."

„Sieben", sagte Barbox Brothers und beobachtete sie mit einem ernsten Lächeln. "Also! Ich schlage mir vor, die Bruttozahl sofort auf genau diese sieben zu reduzieren und sie nach und nach auf eine zu verkleinern – die für mich erfolgversprechendste – und diese zu nehmen."

„Aber woher wissen Sie, Sir, welches das vielversprechendste ist?" fragte sie und ließ ihre leuchtenden Augen über die Aussicht schweifen.

„Ah!", sagte Barbox Brothers mit einem weiteren ernsten Lächeln und verbesserte seine Ausdruckskraft beträchtlich. „Natürlich. Auf diese Weise. Wo Ihr Vater jeden Tag so viel für einen guten Zweck auflesen kann, kann ich ab und zu ein wenig für einen gleichgültigen Zweck auflesen. Der Gentleman für Nirgendwo muss an der Kreuzung noch bekannter werden. Er wird sie weiter erforschen, bis er etwas, das er am Anfang jeder der sieben Straßen gesehen, gehört oder herausgefunden hat, mit der Straße selbst in Verbindung bringt. Und so wird seine Wahl einer Straße von seiner Wahl unter seinen Entdeckungen bestimmt."

Ihre Hände waren immer noch beschäftigt, und sie blickte noch einmal auf die Aussicht, als ob sie etwas begreifen würde, was vorher nicht in ihr gestanden hatte, und lachte, als ob es ihr eine neue Freude bereite.

„Aber ich darf nicht vergessen", sagte Barbox Brothers, „(nachdem ich schon so weit gekommen bin) um einen Gefallen zu bitten . Ich brauche deine Hilfe bei diesem Unterfangen. Ich möchte dir bringen, was ich an den Enden der sieben Straßen auflese, auf die du hier hinausschaust, und mich mit dir darüber austauschen. Darf ich? Man sagt, zwei Köpfe sind besser als einer. Ich selbst würde sagen, das hängt wahrscheinlich von den betreffenden Köpfen ab. Aber ich bin mir ganz sicher, dass dein Kopf und der deines Vaters, obwohl wir uns erst seit kurzem kennen, bessere Dinge herausgefunden haben, Phoebe , als meiner je selbst entdeckt hat."

Sie reichte ihm voller Mitgefühl ihre rechte Hand, war vollkommen hingerissen von seinem Antrag und dankte ihm eifrig und dankbar.

„Das ist gut!", sagten die Barbox Brothers. „ Wieder einmal darf ich nicht vergessen (nachdem ich schon so weit gekommen bin), um einen Gefallen zu bitten . Würden Sie die Augen schließen?"

Sie lachte spielerisch über die Seltsamkeit dieser Bitte und tat es.

„Halten Sie sie geschlossen", sagten die Barbox Brothers, gingen leise zur Tür und kamen wieder zurück. „Sie sind auf Ihre Ehre bedacht, Ihre Augen nicht zu öffnen, bis ich Ihnen sage, dass Sie es dürfen?"

„Ja! Auf meine Ehre ."

„Gut. Darf ich dir kurz dein Spitzenkissen abnehmen?"

Immer noch lachend und verwundert nahm sie ihre Hände davon und er legte es beiseite.

"Sag mir. Haben Sie von hier aus die Rauch- und Dampfwolken gesehen, die der Schnellzug gestern auf der Straße Nummer sieben erzeugt hat?"

„Hinter den Ulmen und dem Turm?"

„Das ist die Straße", sagte Barbox Brothers und richtete seinen Blick darauf.

"Ja. Ich habe gesehen, wie sie dahinschmolzen."

„Ist an dem, was sie geäußert haben, etwas Ungewöhnliches?"

"NEIN!" sie antwortete fröhlich.

„Kein Kompliment für mich, denn ich war in diesem Zug. Ich ging – öffne deine Augen nicht –, um dir das aus der großen, genialen Stadt zu holen. Es ist nicht halb so groß wie Ihr Spitzenkissen und liegt leicht und leicht an seinem Platz. Diese kleinen Tasten ähneln den Tasten eines Miniaturklaviers, und die benötigte Luft wird mit der linken Hand zugeführt. Mögest du daraus wunderbare Musik heraussuchen, mein Lieber! Vorerst – Sie können jetzt Ihre Augen öffnen – auf Wiedersehen!"

Auf seine verlegene Art schloß er die Tür vor sich und sah dabei nur, wie sie das Geschenk ekstatisch an ihre Brust nahm und es streichelte. Der Anblick erfreute sein Herz und machte es zugleich traurig; denn so hätte sie, wenn ihre Jugend in ihrem natürlichen Verlauf erblüht wäre, an diesem Tag die schlummernde Musik der Stimme ihres eigenen Kindes an ihre Brust angenommen.

BARBOX BROTHERS UND CO.

Mit gutem Willen und ernsthafter Absicht begann der Herr von Nowhere schon am nächsten Tag mit seinen Nachforschungen an den Enden der sieben Straßen. Die Ergebnisse seiner Forschungen, wie er und Phoebe sie später in angemessener Form niederschrieben, nehmen in dieser wahrheitsgetreuen Chronik ab der siebzehnten Seite ihren gebührenden Platz ein. Aber sie haben bei der Zusammenkunft viel mehr Zeit in Anspruch genommen als bei der Lektüre. Und das ist wahrscheinlich bei den meisten Lektüren der Fall, es sei denn, es handelt sich um (für die Nachwelt) äußerst nützliche Lektüre, die von überlegenen Dichtergenies, die es verschmähen, sich die Mühe mit der Prosa zu machen, „in ein paar Augenblicken der Muße weggeworfen" wird.

Allerdings muss man zugeben, dass Barbox sich keineswegs beeilte. Er war mit ganzem Herzen bei seiner gutmütigen Arbeit und genoss sie. Es gab auch die Freude (es war eine wahre Freude für ihn), manchmal daneben zu sitzen und Phoebe zuzuhören , während sie immer mehr Diskurse aus ihrem Musikinstrument herausholte und ihr natürlicher Geschmack und ihr Gehör sich täglich bei ihren ersten Entdeckungen verfeinerten . Dies war nicht nur ein Vergnügen, sondern auch eine Beschäftigung, die im Laufe der Wochen Stunden in Anspruch nahm. Das Ergebnis war, dass sein gefürchteter Geburtstag schon vor der Tür stand, ohne dass er sich noch mehr darum gekümmert hätte.

Die Angelegenheit wurde durch den unvorhergesehenen Umstand noch dringlicher, dass die Beratungen, die über den einzuschlagenden Weg abgehalten wurden (bei denen Mr. Lamps in einigen seltenen Fällen mit strahlendem Glanz dabei war), schließlich in keiner Weise von ihm unterstützt wurden Untersuchungen. Denn er hatte dieses Interesse mit dieser Straße oder jenes Interesse mit der anderen verknüpft, konnte daraus aber keinen Grund ableiten, irgendeiner Straße den Vorzug zu geben. Folglich stand dieser Teil des Unternehmens bei der letzten Ratssitzung am Ende genau dort, wo er am Anfang gestanden hatte.

„Aber, Sir", bemerkte Phoebe , „wir haben schließlich nur sechs Straßen." Ist der siebte Weg dumm?"

„Der siebte Weg? Ö!" sagte Barbox Brothers und rieb sich das Kinn. „Das ist der Weg, den ich eingeschlagen habe, als ich dein kleines Geschenk abholen wollte. Das ist *seine* Geschichte, Phoebe ."

„Würde es Ihnen etwas ausmachen, diesen Weg noch einmal zu nehmen, Sir?" fragte sie zögernd.

"Nicht im geringsten; Es ist schließlich eine tolle Landstraße."

„Ich möchte, dass du ihn nimmst", erwiderte Phoebe mit einem überzeugenden Lächeln, „aus Liebe zu diesem kleinen Geschenk, das mir immer so lieb sein muss. Ich möchte, dass du ihn nimmst, weil dieser Weg für mich nie wieder wie jeder andere sein kann. Ich möchte, dass du ihn nimmst, in Erinnerung daran, dass du mir so viel Gutes getan hast: dass du mich so viel glücklicher gemacht hast! Wenn du mich auf dem Weg verlässt , den du genommen hast, als du mir diese große Güte erwiesen hast", und dabei erklang ein schwacher Akkord, „werde ich, wenn ich hier liege und an meinem Fenster schaue, das Gefühl haben, als müsse es dich zu einem glücklichen Ende führen und dich eines Tages zurückbringen."

„Es wird getan, meine Liebe. Es wird getan."

So nahm der Herr aus Nirgendwo schließlich eine Fahrkarte nach Irgendwo und sein Ziel war die große, geniale Stadt.

Er hatte sich so lange an der Kreuzung herumgetrieben, dass es der 18. Dezember war, als er sie verließ. „Höchste Zeit", dachte er, als er sich in den Zug setzte, „dass ich ernsthaft aufbreche! Nur noch ein klarer Tag liegt zwischen mir und dem Tag, vor dem ich davonlaufe. Morgen werde ich weiter ins Bergland aufbrechen. Ich werde nach Wales gehen."

Mit einiger Mühe stellte er sich die unbestreitbaren Vorteile vor Augen, die die neue Beschäftigung seiner Sinne mit nebligen Bergen, reißenden Flüssen, Regen, Kälte, einer wilden Küste und holprigen Straßen mit sich brachte. Und doch konnte er sie kaum so deutlich erkennen, wie er es sich gewünscht hätte. Ob das arme Mädchen trotz ihrer neuen Ressource, ihrer Musik, jetzt – zumindest am Anfang – ein Gefühl der Einsamkeit verspüren würde, das sie vorher nicht gehabt hatte; ob sie dieselben Dampf- und Rauchwolken sah, die er sah, als er im Zug saß und an sie dachte; ob ihr Gesicht einen nachdenklichen Schatten tragen würde, wenn sie vor dem fernen Blick aus ihrem Fenster verschwanden; ob sie, als sie ihm sagte, er habe ihr so viel Gutes getan, nicht unbewusst seine alte, launische Klage über seine Stellung im Leben korrigiert hatte, indem sie ihn auf den Gedanken brachte, ein Mann könne ein großer Heiler sein, wenn er es wolle, aber dennoch kein großer Arzt; diese und andere ähnliche Überlegungen standen zwischen ihm und seinem walisischen Bild. Außerdem hatte er dieses dumpfe Gefühl der Leere in sich, das auf die Trennung von einem interessanten Objekt und das Aufhören einer angenehmen Beschäftigung folgt; und dieses Gefühl, das ihm völlig neu war, machte ihn ruhelos. Außerdem hatte er durch den Verlust von Mugby Junction wieder zu sich selbst gefunden; und er war nicht mehr in sich verliebt , als er seine Zeit in letzter Zeit in besserer Gesellschaft verbracht hatte.

Aber hier, nicht weit voraus, musste doch die große, geniale Stadt liegen. Dieses Krachen und Klirren, das der Zug durchmachte, und das Ankoppeln einer Vielzahl neuer Echos konnten nichts anderes bedeuten als die Annäherung an den großen Bahnhof. Und es bedeutete nichts anderes. Nach einigen stürmischen Blitzen der Stadt, die in Form von raschen Enthüllungen von roten Backsteinhäusern, hohen roten Backsteinkaminen, Ausblicken auf rote Backsteinbahnbögen, Feuerzungen, Rauchschwaden, Kanaltälern und Kohlebergen das Ende der Reise heraufdonnerten.

Barbox Brothers seine Koffer sicher in dem von ihm gewählten Hotel untergebracht und die Essenszeit festgelegt hatte, machte er einen Spaziergang durch die belebten Straßen. Und nun begann er zu vermuten, dass Mugby Junction eine Kreuzung aus vielen unsichtbaren und sichtbaren Zweigen war und ihn mit einer endlosen Anzahl von Nebenstraßen verbunden hatte. Denn während er noch vor einiger Zeit blind und grübelnd durch diese Straßen gegangen wäre, hatte er jetzt Augen und Gedanken für eine neue Außenwelt. Wie die vielen arbeitenden Menschen lebten und liebten und starben; Wie wunderbar war es, die verschiedenen Ausbildungen von Auge und Hand, die schönen Unterschiede des Sehens und Fühlens zu betrachten, die sie in Klassen von Arbeitern trennten, und sogar in Klassen von Arbeitern, die Unterteilungen eines vollständigen Ganzen bildeten, das ihre vielen Intelligenzen und Kräfte vereinte. obwohl an sich nur ein billiger Gebrauchsgegenstand oder eine Zierde im alltäglichen Leben; Wie gut war es zu wissen, dass eine solche Versammlung in großer Menge ihrerseits und ein solcher Beitrag ihrer verschiedenen Geschicklichkeiten zu einem zivilisatorischen Ziel sie nicht verschlechterte, wie es die Art der überheblichen Eintagsfliegen der Menschheit vorgab, sondern erzeugte unter ihnen herrschte Selbstachtung und doch ein bescheidener Wunsch, viel klüger zu sein als sie (der erste zeigte sich in ihrer ausgeglichenen Haltung und Redeweise, wenn er stehen blieb, um eine Frage zu stellen; der zweite in den Ankündigungen ihrer populären Studien). und Vergnügungen an den öffentlichen Wänden); Diese und viele weitere Überlegungen machten seinen Spaziergang zu einem unvergesslichen Erlebnis. „Auch ich bin nur ein kleiner Teil eines großen Ganzen", begann er zu denken; „Und um für mich selbst und andere nützlich zu sein oder um glücklich zu sein, muss ich mein Interesse in das Gemeinkapital stecken und es aus ihm herausziehen."

Obwohl er am Mittag das Ziel seiner Reise erreicht hatte, war er seitdem unmerklich so weit und so lange durch die Stadt gelaufen, dass die Laternenanzünder jetzt auf den Straßen ihre Arbeit verrichteten und die Geschäfte in strahlendem Glanz erstrahlten. Als er so daran erinnert wurde, sich zu seinem Quartier umzudrehen, war er gerade dabei, dies zu tun, als sich eine ganz kleine Hand in seine kroch und eine ganz kleine Stimme sagte:

"Ö! Bitte, ich bin verloren."

Er schaute nach unten und sah ein sehr kleines blondes Mädchen.

„Ja", sagte sie und bestätigte ihre Worte mit einem ernsten Nicken. „Das bin ich tatsächlich. Ich bin verloren."

Voller Verwirrung blieb er stehen, schaute sich hilfesuchend um, bemerkte keine und sagte, indem er sich tief beugte: „Wo wohnst du, mein Kind?"

„Ich weiß nicht, wo ich wohne", gab sie zurück. "Ich bin verloren."

"Wie heißt du?"

„Polly."

„Wie ist Ihr anderer Name?"

Die Antwort kam prompt, war jedoch unverständlich.

Er imitierte den Laut, als er ihn hörte, und wagte die Vermutung: „ Trivits ?"

„O nein!", sagte das Kind kopfschüttelnd. „Nichts dergleichen."

„Sag es noch einmal, Kleines."

Ein wenig aussichtsreiches Geschäft. Denn dieses Mal klang es ganz anders.

Er wagte die Frage: „ Paddens ?"

„O nein!", sagte das Kind. „Nichts dergleichen."

„Noch einmal. Lass es uns noch einmal versuchen, Liebling."

Eine äußerst hoffnungslose Angelegenheit. Diesmal wuchs es auf vier Silben an. „Es kann nicht Tappitarver sein ?" sagte Barbox Brothers und rieb sich unbehaglich den Kopf mit dem Hut.

"NEIN! Das ist es nicht ", stimmte das Kind leise zu.

Als sie diesen unglücklichen Namen noch einmal ausprobierte und sich außerordentlich um Deutlichkeit bemühte, schwoll er auf mindestens acht Silben an.

"Ah! „Ich denke", sagte Barbox Brothers mit verzweifelter Resignation, „dass wir es besser aufgeben sollten."

„Aber ich bin verloren", sagte das Kind und schmiegte ihre kleine Hand fester an seine, „und du wirst auf mich aufpassen, nicht wahr?"

Wenn jemals ein Mann durch die Zwietracht zwischen Mitleid auf der einen Seite und der Dummheit der Unentschlossenheit auf der anderen Seite aus der Fassung gebracht wurde, dann war er es. „Verloren!", wiederholte er und sah auf das Kind hinab. „Das bin ich ganz sicher . Was ist zu tun?"

„Wo wohnst *du* ?", fragte das Kind und sah wehmütig zu ihm auf.

„Da drüben", antwortete er und deutete vage in die Richtung seines Hotels.

„Sollten wir nicht besser dorthin gehen?", sagte das Kind.

„Wirklich", antwortete er, „ich weiß nicht, was wir hatten."

Also machten sie sich Hand in Hand auf den Weg. Durch den Vergleich mit seinem kleinen Gefährten hatte er ein unbeholfenes Gefühl, als hätte er sich gerade zu einem törichten Riesen entwickelt. Sie war offensichtlich in ihrer eigenen bescheidenen Meinung aufgewertet, weil sie ihn so geschickt aus seiner Verlegenheit herausgeholt hatte.

„Wenn wir dort ankommen, werden wir wohl zu Abend essen?" sagte Polly.

„Nun", erwiderte er, „ich – ja, ich nehme an, das sind wir."

„Magst du dein Abendessen?" fragte das Kind.

„Im Großen und Ganzen", sagte Barbox Brothers, „ja, das glaube ich."

„Ich mache meins", sagte Polly. „Habt ihr Brüder und Schwestern?"

"NEIN. Hast du?"

„Meine sind tot."

"Oh!" sagte Barbox Brothers. Mit diesem absurden Gefühl der Schwerfälligkeit von Körper und Geist, das ihn belastete, hätte er nicht gewusst, wie er das Gespräch über diese knappe Erwiderung hinaus fortsetzen sollte, wenn das Kind nicht immer für ihn bereit gewesen wäre.

„Was", fragte sie und drehte ihre weiche Hand schmeichelnd in seine, „wirst du nach dem Abendessen etwas tun, um mich zu unterhalten?"

„Bei meiner Seele, Polly", rief Barbox Brothers völlig ratlos, „ich habe nicht die geringste Ahnung!"

„Dann sage ich dir was", sagte Polly. „Haben Sie Karten bei sich zu Hause?"

„Viel", sagten Barbox Brothers prahlerisch.

"Sehr gut. Dann werde ich Häuser bauen, und du wirst mich ansehen. Du darfst nicht explodieren, weißt du?"

„Oh nein!", sagte Barbox Brothers. „Nein, nein, nein. Nicht pusten. Pusten ist nicht fair."

Er schmeichelte sich, dass er das für ein idiotisches Monster ziemlich gut gesagt hatte; doch das Kind, das sofort die Ungeschicklichkeit seines Versuchs bemerkte, sich ihrem Niveau anzupassen, zerstörte seine hoffnungsvolle Meinung von sich selbst völlig, indem es voller Mitleid sagte: „Was bist du für ein komischer Mensch!"

Barbox , als würde er mit jeder Minute körperlich größer und schwerer und geistig schwächer, und so gab er sich einer schlechten Aufgabe hin. Kein Riese ließ sich je demütiger vom alles erobernden Jack zum Triumph führen, als er sich Polly als Sklave unterwarf.

„Kennen Sie irgendwelche Geschichten?", fragte sie ihn.

Er musste nur das demütigende Geständnis ablegen: „Nein."

„Was für ein Dummkopf musst du sein, nicht wahr?", sagte Polly.

Er musste nur noch das demütigende Geständnis ablegen: „Ja."

„Möchtest du, dass ich dir eine Geschichte beibringe? Aber du musst sie dir merken, weißt du, und sie hinterher jemandem richtig erzählen können."

Er erklärte, dass es ihm die größte geistige Befriedigung verschaffen würde, eine Geschichte zu lernen, und dass er sich demütig bemühen würde , sie im Gedächtnis zu behalten. Daraufhin drehte Polly ihre Hand ein wenig in seiner, um auszudrücken, dass sie sich zum Vergnügen niederließ, und begann eine lange Romanze, in der jeder genussvolle Satz mit den Worten begann: „Also dies" oder „Und so dies". Wie „Also dieser Junge" oder „Also diese Fee" oder „Und so war dieser Kuchen vier Yards im Durchmesser und zweieinhalb Yards tief." Das Interessante an der Romanze war das Eingreifen dieser Fee, um diesen Jungen für seinen unersättlichen Appetit zu bestrafen. Um dieses Ziel zu erreichen, machte diese Fee diesen Kuchen, und dieser Junge aß und aß und aß, und seine Wangen schwollen und schwollen und schwollen an. Es gab viele Umstände, die dazu führten, aber das zwingende Interesse gipfelte im völligen Verzehr dieses Kuchens und dem Platzen des Jungen. Er war wirklich ein schöner Anblick, die Barbox Brothers, mit seinem ernsten, aufmerksamen Gesicht und dem gesenkten Ohr, wurde auf den Bürgersteigen der geschäftigen Stadt oft angerempelt und hatte Angst, auch nur eine einzige Episode des Epos zu verpassen, aus Angst, er könnte bald darin verhört und für unzulänglich befunden werden .

So kamen sie im Hotel an. Und da musste er an der Bar sagen und sagte ziemlich verlegen: „Ich habe ein kleines Mädchen gefunden!"

Das ganze Haus versammelte sich, um das kleine Mädchen zu sehen. Niemand kannte sie; niemand konnte ihren Namen erkennen, als sie ihn nannte – außer einem Zimmermädchen, das sagte, es sei Konstantinopel – was es aber nicht war.

„Ich werde mit meiner jungen Freundin in einem privaten Raum zu Abend essen", sagte Barbox Brothers zu den Hotelangestellten, „und vielleicht sind Sie so freundlich und informieren die Polizei, dass das hübsche Baby hier ist. Ich nehme an, dass bald nach ihr gesucht wird, falls das nicht schon geschehen ist. Kommen Sie mit, Polly."

den Barbox Brothers hinaufgetragen, da sie die Treppe als ziemlich mühselig empfand . Das Abendessen war ein überragender Erfolg, und die Verlegenheit der Barbox , die unter Pollys Anleitung das Fleisch für sie zerkleinerte und mit großzügiger und gleichmäßiger Hand Soße auf dem Teller verteilte, war ein weiterer schöner Anblick.

„Und jetzt", sagte Polly, „sei brav und erzähl mir die Geschichte, die ich dir beigebracht habe, während wir beim Abendessen sind."

Mit den Zittern einer Beamtenprüfung auf ihm und in der Tat sehr unsicher, nicht nur über die Epoche, in der der Kuchen in der Geschichte auftauchte, sondern auch über die Maße dieser unverzichtbaren Tatsache, hatten Barbox Brothers einen wackeligen Anfang, aber unter Ermutigung tat sehr fair. In seiner Darstellung der Wangen und des Appetits des Jungen war ein Mangel an Breite zu erkennen; und in seiner Fee herrschte eine gewisse Zahmheit, die auf ein unterschwelliges Verlangen zurückzuführen war, Rechenschaft über sie abzulegen. Dennoch hat es als erster schwerfälliger Auftritt eines gut gelaunten Monsters bestanden.

„Ich habe dir gesagt, du sollst brav sein", sagte Polly, „und du bist gut, nicht wahr ?"

„Das hoffe ich", antwortete Barbox Brothers.

Seine Ehrerbietung war so groß, dass Polly, die auf einer Plattform aus Sofakissen in einem Stuhl zu seiner Rechten saß, ihn mit ein oder zwei Klaps auf das Gesicht von der fettigen Schüssel ihres Löffels und sogar mit einem liebenswürdigen Kuss ermutigte. Als sie jedoch auf ihrem Stuhl aufstand, um ihm diese letzte Belohnung zu geben, stürzte sie zwischen den Schüsseln nach vorne und ließ ihn ausrufen, als er ihre Rettung bewirkte: „Gnädige Engel! Wütend! Ich dachte, wir wären im Feuer, Polly!"

„Was für ein Feigling du bist, nicht wahr ?" sagte Polly, als sie ersetzt wurde.

„Ja, ich bin ziemlich nervös", antwortete er. "Wütend! Nicht, Polly! Bewegen Sie Ihren Löffel nicht, sonst geraten Sie zur Seite. Neige deine Beine nicht, wenn du lachst, Polly, sonst gehst du nach hinten. Wütend! Polly, Polly, Polly", sagten die Barbox Brothers und verfielen fast der Verzweiflung, „wir sind von Gefahren umgeben!"

Tatsächlich konnte er keinen Schutz vor den Fallstricken sehen, die Polly auf sich lauerten, als indem er ihr vorschlug, sich nach dem Abendessen auf einen niedrigen Stuhl zu setzen. „Das werde ich, wenn du so willst", sagte Polly. Da also Seelenfrieden an erster Stelle stehen sollte, bat er den Kellner, den Tisch zur Seite zu schieben, ein Kartenspiel, ein paar Fußhocker und einen Paravent mitzubringen und Polly und sich selbst vor das Feuer zu stellen, sozusagen ein gemütlicher Raum im Raum. Dann, der schönste Anblick von allen, saß Barbox Brothers auf seinem Fußschemel, mit einer Pint-Karaffe auf dem Teppich, betrachtete Polly, wie sie erfolgreich baute, und wurde blau im Gesicht, weil er den Atem anhielt, aus Furcht, er könnte das Haus in die Luft sprengen.

„Wie du starrst, nicht wahr?" sagte Polly in einer obdachlosen Pause.

Als er die unwürdige Tatsache erkannte, fühlte er sich gezwungen, entschuldigend zuzugeben: „Ich fürchte, ich habe dich ziemlich genau angeschaut, Polly."

„Warum starrst du?" fragte Polly.

„Ich kann mich nicht erinnern", murmelte er vor sich hin, „ warum. – Ich weiß nicht, Polly."

„Sie müssen doch ein Einfaltspinsel sein, wenn es darum geht, Dinge zu tun, ohne zu wissen, warum, nicht wahr?" sagte Polly.

Trotz dieses Vorwurfs blickte er das Kind noch einmal aufmerksam an, während es den Kopf über die Kartenstruktur beugte und sein Gesicht mit seinen üppigen Locken beschattete. „Es ist unmöglich", dachte er, „dass ich dieses hübsche Baby jemals zuvor gesehen habe." Kann ich von ihr geträumt haben? In einem traurigen Traum?"

Er konnte nichts daraus machen. Also ging er als Geselle unter Polly ins Baugewerbe, und sie bauten drei Stockwerke hoch, vier Stockwerke hoch, sogar fünf.

"Ich sage. Wer glaubst du, kommt?" fragte Polly und rieb sich nach dem Tee die Augen.

Er vermutete: „Der Kellner?"

„Nein", sagte Polly, „der Müllmann. Ich werde müde."

Eine neue Peinlichkeit für die Barbox Brothers!

„Ich glaube nicht, dass ich heute Abend abgeholt werde", sagte Polly; "was denken Sie?"

Er dachte auch nicht. Nach einer weiteren Viertelstunde, als der Müllmann nicht nur bevorstand, sondern tatsächlich eintraf, wurde Zuflucht bei der Kammermagd aus Konstantinopel gesucht, die freudig dafür sorgte, dass das Kind in einem bequemen und gesunden Zimmer schlafen sollte, das sie selbst mitbenutzen würde.

„Und ich weiß, dass Sie aufpassen werden, nicht wahr", sagte Barbox Brothers, als eine neue Angst in ihm aufstieg, „dass sie nicht aus dem Bett fällt."

Polly fand das so unterhaltsam, dass sie sich gezwungen sah, ihn mit beiden Armen um den Hals zu packen, als er auf seinem Schemel saß und die Karten aufhob, und ihn mit ihrem Grübchenkinn auf seiner Schulter hin und her zu schaukeln.

„Oh, was bist du für ein Feigling, nicht wahr?", sagte Polly. „Fällst *du* aus dem Bett?"

„N-im Allgemeinen nicht, Polly."

„Ich auch nicht."

Dann umarmte Polly ihn ein oder zwei Mal beruhigend, damit er weitermachen konnte, und dann streckte sie ihre vertrauensvolle Hand dem Zimmermädchen aus Konstantinopel entgegen, damit sie schwatzend und ohne die geringste Spur von Angst davontrabte.

Er kümmerte sich um sie, ließ den Bildschirm entfernen und den Tisch und die Stühle ersetzen und kümmerte sich weiterhin um sie. Er ging eine halbe Stunde lang im Raum auf und ab. „Ein überaus bezauberndes kleines Geschöpf, aber das ist es nicht. Eine überaus gewinnende kleine Stimme, aber das ist es nicht. Das hat viel damit zu tun, aber es gibt noch mehr. Wie kann es sein, dass ich dieses Kind zu kennen scheine? Woran erinnerte sie sich nur unvollkommen, als ich ihre Berührung auf der Straße spürte und sah, wie sie, als ich auf sie herabblickte, zu mir aufblickte?"

"Herr. Jackson!"

Erschrocken wandte er sich dem Klang der gedämpften Stimme zu und sah seine Antwort an der Tür stehen.

„O Mr. Jackson, seien Sie nicht streng zu mir. Sagen Sie mir ein Wort der Ermutigung, ich flehe Sie an."

„Du bist Pollys Mutter."

"Ja."

Ja. Polly selbst könnte eines Tages dazu kommen. Wie Sie sehen, was die Rose war, in ihren verblassten Blättern; Wie Sie sehen können, wie die Wälder im Sommer in ihren winterlichen Zweigen wuchsen; So könnte Polly eines Tages in einer von Sorgen gezeichneten Frau wie dieser mit ergrauten Haaren verfolgt werden. Vor ihm lag die Asche eines erloschenen Feuers, das einst hell gebrannt hatte. Dies war die Frau, die er geliebt hatte. Das war die Frau, die er verloren hatte. Seine Einbildungskraft war ihr gegenüber so beständig gewesen, dass die Zeit sie unter ihrem Zurückhalten verschont hatte, dass seine Seele jetzt, als er sah, wie hart die unerbittliche Hand sie getroffen hatte, von Mitleid und Erstaunen erfüllt war.

Er führte sie zu einem Stuhl und lehnte an einer Ecke des Kaminsimses, den Kopf auf die Hand gestützt und das Gesicht halb abgewandt.

„Haben Sie mich auf der Straße gesehen und mich Ihrem Kind gezeigt?" er hat gefragt.

"Ja."

„Ist das kleine Geschöpf also an der Täuschung beteiligt?"

„Ich hoffe, dass es keine Täuschung gibt. Ich sagte zu ihr: „Wir haben uns verirrt und ich muss versuchen, meinen Weg selbst zu finden." Gehen Sie zu diesem Herrn und sagen Sie ihm, dass Sie sich verlaufen haben. Sie werden nach und nach abgeholt.' Vielleicht hast du nicht gedacht, wie jung sie ist?"

„Sie ist sehr selbstständig."

„Vielleicht weil sie so jung ist?"

Nach einer kurzen Pause fragte er: „Warum hast du das getan?"

„O Mr. Jackson, fragen Sie mich? In der Hoffnung, dass Sie in meinem unschuldigen Kind etwas sehen, das Ihr Herz mir gegenüber erweichen könnte. Nicht nur mir gegenüber, sondern auch meinem Mann gegenüber."

Plötzlich drehte er sich um und ging zum anderen Ende des Raumes. Er kam mit langsameren Schritten wieder zurück und nahm seine frühere Haltung wieder ein und sagte:

„Ich dachte, du wärst nach Amerika ausgewandert?"

"Wir machten. Aber das Leben dort ging uns schlecht und wir kamen zurück."

„Lebst du in dieser Stadt?"

"Ja. Ich bin hier täglich Musiklehrer. Mein Mann ist Buchhalter."

„Bist du – verzeihen Sie meine Frage – arm?"

„Wir verdienen genug für unsere Bedürfnisse. Das ist nicht unser Kummer. Mein Mann leidet sehr, sehr an einer anhaltenden Erkrankung. Er wird sich nie erholen …"

„Überprüfe dich selbst. Wenn Ihnen das ermutigende Wort, von dem Sie gesprochen haben, fehlt, nehmen Sie es von mir. Ich kann die alte Zeit nicht vergessen, Beatrice."

"Gott schütze dich!" antwortete sie unter Tränen und reichte ihm ihre zitternde Hand.

„Beruhige dich. Ich kann mich nicht beruhigen, wenn du es nicht bist, denn dich weinen zu sehen, betrübt mich unaussprechlich. Sprich frei mit mir. Vertrau mir."

Sie beschattete ihr Gesicht mit ihrem Schleier und sprach nach einer Weile ruhig. Ihre Stimme klang wie die von Polly.

„Es ist nicht so, dass der Geist meines Mannes durch sein körperliches Leiden in irgendeiner Weise beeinträchtigt wäre, denn das ist nicht der Fall, das versichere ich Ihnen. Aber in seiner Schwäche und in seinem Wissen, dass er unheilbar krank ist, kann er die Macht einer Idee nicht überwinden. Sie nagt an ihm, verbittert jeden Augenblick seines schmerzvollen Lebens und wird es verkürzen."

Sie hielt inne und er sagte noch einmal: „Sprich frei mit mir. Vertrau mir."

„Vor diesem Liebling hatten wir fünf Kinder, und sie liegen alle in ihren kleinen Gräbern. Er glaubt, sie seien unter einem Fluch dahingewelkt, und dieser werde auch dieses Kind heimsuchen wie die anderen."

„Unter welchem Fluch?"

„Sowohl ich als auch er haben es auf dem Gewissen, dass wir Sie sehr auf die Probe gestellt haben, und ich weiß nicht, ob ich nicht, wenn ich so krank wäre wie er, innerlich genauso leiden würde wie er. Dies ist die ständige Bürde: , Ich glaube, Beatrice, ich war die einzige Freundin, die Mr. Jackson sich je machen wollte, obwohl ich so viel jünger war als er. Je mehr Einfluss er in der Sache gewann, desto höher stieg meine Stellung, und ich war die Einzige, die sein privates Vertrauen genoss. Ich stellte mich zwischen ihn und Sie und nahm Sie ihm weg. Wir waren beide geheim, und der Schlag traf ihn, als er völlig unvorbereitet war. Die Qual, die es einem so eingeengten Mann bereitete, muss furchtbar gewesen sein; der Zorn, den es weckte, war unstillbar. So wurde ein Fluch auf unsere armen, hübschen kleinen Blumen gelegt, und sie fallen ab.'"

„Und Sie, Beatrice", fragte er, als sie aufgehört hatte zu sprechen und danach Stille herrschte, „was sagen Sie?"

„Bis vor wenigen Wochen hatte ich Angst vor dir und glaubte, du würdest mir nie, nie vergeben."

„Bis vor wenigen Wochen", wiederholte er. „Haben Sie Ihre Meinung über mich in diesen wenigen Wochen geändert?"

"Ja."

"Aus welchem Grund?"

„Ich war gerade dabei, in einem Laden in dieser Stadt ein paar Musikstücke zu kaufen, als Sie zu meinem Entsetzen hereinkamen. Während ich mein Gesicht verhüllte und im dunklen Teil des Ladens stand, hörte ich Sie erklären, dass Sie ein Musikinstrument für ein bettlägeriges Mädchen wollten. Ihre Stimme und Ihr Benehmen waren so sanft, Sie zeigten so viel Interesse bei der Auswahl, Sie nahmen es selbst mit so viel Zärtlichkeit, Sorgfalt und Freude mit, dass ich wusste, dass Sie ein Mann mit einem sehr sanften Herzen sind. O, Mr. Jackson, Mr. Jackson, hätten Sie den erfrischenden Tränenregen spüren können, der für mich folgte!“

Spielte Phoebe in diesem Moment auf ihrer Couch in der Ferne? Er schien sie zu hören.

„Ich habe in dem Laden, in dem Sie wohnen, nachgefragt, konnte aber keine Auskunft erhalten. Da ich gehört hatte, dass Sie mit dem nächsten Zug zurückfahren würden (aber Sie sagten nicht wohin), beschloss ich, so oft wie möglich zwischen meinen Unterrichtsstunden zu dieser Tageszeit zum Bahnhof zu gehen, um Sie vielleicht wiederzusehen. Ich war sehr oft dort, habe Sie aber bis heute nicht mehr gesehen. Sie meditierten, während Sie die Straße entlanggingen, aber der ruhige Ausdruck Ihres Gesichts ermutigte mich, mein Kind zu Ihnen zu schicken. Und als ich sah, wie Sie Ihren Kopf neigten, um zärtlich mit ihr zu sprechen, betete ich zu GOTT , er möge mir vergeben, dass ich ihr jemals Kummer bereitet hatte. Jetzt bete ich zu Ihnen, mir und meinem Mann zu vergeben. Ich war sehr jung, er war auch jung, und in der unwissenden Kühnheit eines solchen Lebensalters wissen wir nicht, was wir mit denen machen, die mehr Disziplin erfahren haben. Sie großzügiger Mann! Sie guter Mann! Also richte mich auf und mache aus meinem Verbrechen gegen dich nichts!“ – denn er wollte sie nicht auf den Knien sehen und beruhigte sie, wie ein gütiger Vater eine auf Abwege geratene Tochter beruhigt hätte – „ Danke, Gott segne dich, danke!“

Als er das nächste Mal sprach, hatte er den Fenstervorhang beiseite gezogen und eine Weile hinausgeschaut. Dann sagte er nur:

„Schläft Polly?“

„Ja. Als ich hereinkam, sah ich sie gerade die Treppe hinaufgehen und brachte sie selbst zu Bett.“

„Lass sie für morgen bei mir, Beatrice, und schreib mir deine Adresse auf dieses Blatt meiner Brieftasche. Abends bringe ich sie zu dir nach Hause – und zu ihrem Vater.“

* * * * *

„Hallo!", rief Polly und steckte am nächsten Morgen ihr keckes, sonniges Gesicht in die Tür, als das Frühstück fertig war: „Ich dachte, ich wäre gestern Abend abgeholt worden?"

„Das warst du, Polly, aber ich habe um Erlaubnis gebeten, dich den Tag über hier zu behalten und dich abends nach Hause zu bringen."

„Auf mein Wort!", sagte Polly. „Du bist wirklich cool, oder ?"

Polly schien es jedoch für eine gute Idee zu halten und fügte hinzu: „Ich muss dir wohl einen Kuss geben, obwohl du cool *bist* ." Nachdem sie den Kuss gegeben und angenommen hatten, setzten sie sich in sehr gesprächigem Ton zum Frühstück.

„Natürlich wirst du mich amüsieren?" sagte Polly.

„Oh, natürlich", sagten Barbox Brothers.

Auf dem Höhepunkt ihrer Vorfreude hielt Polly es für unerlässlich, ihr Stück Toast wegzulegen, eines ihrer kleinen dicken Knie über das andere zu kreuzen und ihre kleine dicke rechte Hand mit einer geschäftsmäßigen Ohrfeige in die linke Hand zu legen. Nachdem sie sich wieder zusammengerafft hatte, fragte Polly, die zu diesem Zeitpunkt nur noch ein Haufen Grübchen war, schmeichelnd: „Was machen wir jetzt, du liebes altes Ding?"

„Warum, dachte ich", sagte Barbox Brothers, „-aber magst du Pferde, Polly?"

„Ponys bin ich", sagte Polly, „vor allem, wenn sie lange Schwänze haben. Aber Pferde – nein – zu groß, wissen Sie."

„Nun", fuhr Barbox Brothers in einem Geist ernster, geheimnisvoller Zuversicht fort, der der Bedeutung der Beratung angemessen war, „ich habe gestern, Polly, an den Wänden Bilder von zwei langschwänzigen Ponys gesehen, überall gesprenkelt ..."

"Nein nein NEIN !" rief Polly in einem ekstatischen Wunsch, bei den bezaubernden Details zu verweilen. „Nicht überall gesprenkelt!"

„Überall gesprenkelt. Welche Ponys springen durch Reifen –"

"Nein nein NEIN !" rief Polly wie zuvor. „Sie springen nie durch Reifen!"

„Ja, das tun sie. Das versichere ich Ihnen . Und Kuchen in Schürzen essen – "

„Ponys, die in Schürzen Kuchen essen!", sagte Polly. „Du bist eine wirklich gute Geschichtenerzählerin, nicht wahr ?"

„Auf meine Ehre . – Und feuert Schüsse ab."

(Polly schien die Gewalt der Ponys, die zu Feuerwaffen griffen, kaum zu bemerken.)

„Und ich dachte", fuhr der vorbildliche Barbox fort , „dass es unserer Konstitution gut tun würde, wenn Sie und ich in den Zirkus gingen, wo diese Ponys sind."

„Heißt das, uns unterhalten?", fragte Polly. „Was für lange Wörter du verwendest, nicht wahr?"

Er entschuldigte sich dafür, dass er zu weit gegangen war, und antwortete: „Das heißt, amüsieren Sie uns." Genau das bedeutet es. Neben den Ponys gibt es noch viele andere Wunder , und wir werden sie alle sehen. Meine Damen und Herren in glitzernden Kleidern und Elefanten, Löwen und Tiger."

Polly warf einen Blick auf die Teekanne und zeigte mit ihrer gerümpften Nase eine gewisse Unruhe. „Sie kommen natürlich nie raus", bemerkte sie als bloße Binsenweisheit.

„Die Elefanten, Löwen und Tiger? Oh mein Gott, nein!"

„Oh mein Gott, nein!" sagte Polly. „Und natürlich hat niemand Angst davor, dass die Ponys jemanden erschießen."

„Nicht die Geringste auf der Welt."

„Nein, nein, nicht das Geringste auf der Welt", sagte Polly.

„Ich habe auch gedacht", fuhr Barbox fort , „dass, wenn wir in den Spielzeugladen gehen, um eine Puppe auszusuchen –"

„Nicht angezogen!", rief Polly und klatschte in die Hände. „Nein, nein, NEIN , nicht angezogen!"

„Vollständig angezogen. Zusammen mit einem Haus und allen Dingen, die für den Haushalt notwendig sind –"

Polly stieß einen kleinen Schrei aus und schien in Gefahr zu sein, in Ohnmacht vor Glück zu fallen. „Was für ein Schatz du bist!", rief sie träge und lehnte sich in ihrem Stuhl zurück. „Komm und lass dich umarmen, oder ich muss kommen und dich umarmen!"

Dieses glänzende Programm wurde mit der äußersten Strenge des Gesetzes in die Tat umgesetzt. Da der Kauf der Puppe unbedingt an erster Stelle stehen musste – sonst hätte die Dame die Ponys verloren –, hatte der Ausflug in den Spielzeugladen Vorrang. Polly in dem magischen Lagerhaus, mit einer Puppe, die so groß war wie sie selbst, unter jedem Arm und einer hübschen Auswahl von etwa zwanzig weiteren auf dem Ladentisch, bot tatsächlich einen Anblick der Unentschlossenheit, der nicht ganz mit ungetrübter

Freude vereinbar war, aber die leichte Wolke verzog sich. Das am häufigsten gewählte, am häufigsten abgelehnte und schließlich akzeptierte schöne Exemplar war zirkassischer Abstammung, besaß so viel Kühnheit der Schönheit, wie es mit extremer Schwäche des Mundes vereinbar war, und kombinierte einen himmelblauen Seidenpelz mit rosafarbenen Satinhosen und einem schwarzen Samthut: Diese schöne Fremde an unseren nördlichen Küsten scheint sich an den Porträts der verstorbenen Herzogin von Kent orientiert zu haben. Der Name, den diese angesehene Ausländerin aus dem glühenden Himmel eines sonnigen Klimas mitbrachte, war (nach Pollys Angaben) Miss Melluka , und wie kostbar ihre Ausstattung als Haushälterin aus der Barbox- Schatzkammer war, kann man aus den beiden Tatsachen schließen, dass ihre silbernen Teelöffel so groß waren wie ihr Schürhaken und dass die Proportionen ihrer Uhr die ihrer Bratpfanne übertrafen. Miss Melluka war erfreut, ihre uneingeschränkte Zustimmung zum Zirkus zum Ausdruck zu bringen, und Polly tat dies ebenfalls; denn die Ponys *waren* gesprenkelt und rissen niemanden nieder, wenn sie schossen, und die Wildheit der wilden Tiere schien bloßer Rauch zu sein – und tatsächlich produzierten sie aus ihrem Inneren große Mengen davon. Barbox ' Vertiefung in das allgemeine Thema während der Verwirklichung dieser Freuden war wieder ein sehenswerter Anblick, und es war auch nicht weniger sehenswert beim Abendessen, als er auf Miss Melluka zutrank , die steif an einen Stuhl gegenüber von Polly gefesselt war (die schöne Tscherkessenin mit einem unbeugsamen Rückgrat) und sogar den Kellner dazu überredete, dabei zu helfen, die vorherrschende glorreiche Idee mit dem gebotenen Anstand auszuführen. Zum Abschluss kam das angenehme Fieber, Miss Melluka und ihre gesamte Garderobe und ihre reichen Besitztümer in eine Kabine mit Polly zu bringen, um sie nach Hause zu bringen. Aber zu diesem Zeitpunkt war Polly nicht mehr in der Lage, mit wachen Augen auf solche angesammelten Freuden zu blicken, und hatte ihr Bewusstsein in das wunderbare Paradies des Kinderschlafs zurückgezogen. „Schlaf, Polly, schlaf", sagte Barbox Brothers, als ihr Kopf auf seine Schulter sank; „du wirst jedenfalls nicht so leicht aus diesem Bett fallen!"

Welches raschelnde Stück Papier er aus seiner Tasche nahm und sorgfältig in Pollys Kleid faltete, soll nicht erwähnt werden. Er sagte nichts darüber und soll auch nichts darüber gesagt werden. Sie fuhren in einen bescheidenen Vorort der großen, genialen Stadt und hielten am Vorplatz eines kleinen Hauses. „Wecken Sie das Kind nicht auf", sagten die Barbox Brothers leise zum Fahrer, „ich werde es so hineintragen, wie es ist."

Pollys Träger begrüßte das Licht an der geöffneten Tür, die von Pollys Mutter aufgehalten wurde, und ging mit Mutter und Kind in ein Zimmer im Erdgeschoss. Dort lag auf einem Sofa ausgestreckt ein kranker, schwer abgemagerter Mann, der seine Augen mit seinen ausgezehrten Händen bedeckte.

„Tresham", sagte Barbox mit freundlicher Stimme, „ich habe Ihnen Ihre Polly zurückgebracht, die fest schläft. Geben Sie mir Ihre Hand und sagen Sie mir, dass es Ihnen besser geht."

Der Kranke streckte seine rechte Hand aus, neigte seinen Kopf über die Hand, in die er ihn nahm, und küsste sie. "Danke Danke! Ich kann sagen, dass es mir gut geht und ich glücklich bin."

„Das ist mutig", sagte Barbox . „Tresham, ich habe eine Lust – kannst du mir hier neben dir Platz machen?"

Während er diese Worte sagte, setzte er sich auf das Sofa und genoss die dicke, pfirsichfarbene Wange, die ganz oben auf seiner Schulter lag.

„Ich habe Lust, Tresham (ich werde mittlerweile ein ziemlich alter Kerl, wissen Sie, und alte Kerle haben vielleicht manchmal Fantasien), Polly, nachdem ich sie gefunden habe, niemandem außer dir zu überlassen. Wirst du sie mir wegnehmen?"

Während der Vater seine Arme nach dem Kind ausstreckte, sahen die beiden Männer den anderen fest an.

„Sie liegt dir sehr am Herzen, Tresham?"

„Unaussprechlich lieb."

„Gott segne sie! Es ist nicht viel, Polly", fuhr er fort und richtete seine Augen auf ihr friedliches Gesicht, während er sie ansprach . „Es ist nicht viel, Polly, wenn ein blinder und sündiger Mann einen Segen auf etwas herabruft, das so viel besser ist als er selbst, wie ein kleines Kind; aber es wäre viel – viel für sein grausames Haupt und viel für seine schuldige Seele – wenn er so böse sein könnte, einen Fluch herabzurufen. Er sollte lieber einen Mühlstein um den Hals tragen und ins tiefste Meer geworfen werden. Lebe und gedeihe, mein hübsches Baby!" Hier küsste er sie. „Lebe und gedeihe und werde mit der Zeit die Mutter anderer kleiner Kinder, wie die Engel, die das Gesicht des Vaters erblicken!"

Er küsste sie noch einmal, übergab sie behutsam ihren Eltern und ging hinaus.

Aber er ging nicht nach Wales. Nein, er ging nie nach Wales. Er machte sofort einen weiteren Spaziergang durch die Stadt und schaute den Leuten bei der Arbeit und beim Spielen zu, hier, dort, überall und wo auch immer. Denn er war jetzt Barbox Brothers and Co. und hatte Tausende von Partnern in die einsame Firma aufgenommen.

Er war endlich in sein Hotelzimmer zurückgekehrt und stand vor seinem Kamin, um sich mit einem Glas heißen Getränks zu erfrischen, das er auf den Kamin gestellt hatte, als er die Stadtuhren schlagen hörte und auf seine Uhr schaute. Es war schon so spät am Abend, dass es gerade zwölf schlug. Als er seine Uhr wieder auflegte, begegneten seine Augen denen seines Spiegelbildes im Kaminglas.

„Aber du hast doch schon Geburtstag“, sagte er lächelnd. „Du siehst sehr gut aus. Ich wünsche dir alles Gute zum Geburtstag.“

Er hatte sich diesen Wunsch noch nie erfüllt. „Bei Jupiter!“ Er entdeckte: „Es verändert den ganzen Fall, wenn man seinem Geburtstag davonläuft!“ Es ist eine Sache, die man Phoebe erklären muss . Außerdem gibt es hier eine ziemlich lange Geschichte zu erzählen, die ohne Geschichte aus der Straße geschossen ist. Ich gehe zurück, anstatt weiterzumachen. Ich werde gleich wieder bei Lamps' Up X meines Freundes vorbeischauen .“

Er kehrte nach Mugby Junction zurück und ließ sich tatsächlich dort nieder . Es war der ideale Ort zum Leben, um Phoebes Leben zu bereichern. Es war der ideale Ort zum Leben, da sie bei Beatrice Musikunterricht nehmen konnte. Es war der ideale Ort zum Leben, um Polly gelegentlich auszuleihen. Es war ein bequemer Ort zum Leben, an dem man nach Belieben mit allen möglichen angenehmen Orten und Personen verbunden werden konnte. Also ließ er sich dort nieder, und da sein Haus in einer erhöhten Lage stand, ist es bemerkenswert, wie Polly es selbst (nicht respektlos) ausgedrückt hätte:

> Es gab einen alten Barbox , der auf einem Hügel lebte,
> und wenn er nicht weg ist, lebt er immer noch dort.

HIER FOLGT DER WESENTLICHE INHALT DESSEN, WAS DER GENTLEMAN FÜR NIRGENDWO BEI SEINER SORGFÄLTIGEN UNTERSUCHUNG DER KREUZUNG GESEHEN , gehört oder ANDERWEITIG WAHRGENOMMEN hat .

HAUPTLINIE
DER JUNGE BEI MUGBY

Ich bin der Junge von Mugby . Das ist ungefähr, was *ich* bin.

Du weißt nicht, was ich meine? Schade! Aber ich glaube, du weißt es. Ich glaube, das musst du. Schau mal her. Ich bin der Junge im sogenannten Erfrischungsraum in Mugby Junction, und ich rühme mich am stolzesten, dass er noch nie einen Sterblichen erfrischt hat.

Oben in einer Ecke des Down Refreshment Room in Mugby Junction, auf der Höhe von siebenundzwanzig Querzügen (ich habe sie oft gezählt, während sie die Haare der Ersten Klasse in siebenundzwanzig Richtungen bürsten), hinter den Flaschen, zwischen den Gläsern, im Nordwesten durch das Bier begrenzt, stand ziemlich weit rechts von einem metallischen Gegenstand, der manchmal eine Teekanne und manchmal eine Suppenterrine ist, je nach der Art des letzten Klangs, der seinem Inhalt verliehen wird, der dieselbe Grundlage bildet, vor dem Reisenden abgewehrt durch eine Barriere aus altbackenen Biskuitkuchen, die oben auf der Theke errichtet wurde, und schließlich seitlich dem grellen Blick unserer Missis ausgesetzt – fragen Sie einen Jungen in dieser Lage das nächste Mal, wenn Sie in Eile in Mugby Halt machen , nach etwas zu trinken; Sie werden besonders bemerken, dass er so tun wird, als würde er Sie nicht hören, dass er auf geistesabwesende Weise die Linie durch ein transparentes Medium, das aus Ihrem Kopf und Körper besteht, zu überblicken scheint und dass er Ihnen nicht dienen wird, solange Sie es möglicherweise ertragen können. Das bin ich.

Was für ein Spaß das ist! Wir sind das Model-Establishment bei Mugby . Andere Erfrischungsräume schicken ihre unvollkommenen jungen Damen, damit sie von unseren Missis erledigt werden. Für einige der jungen Damen gilt: Wenn sie neu im Geschäft sind, sollten Sie vorsichtig sein! Ah! Unsere Missis, das nimmt sie ihnen bald ab . Ich selbst bin ursprünglich bescheiden in das Geschäft eingestiegen. Aber unsere Frau hat *mir* das bald genommen

.

Was für ein herrlicher Spaß! Ich betrachte uns Erfrischungsgetränke als die einzigen, die stolz und unabhängig sind, die es auf der Strecke gibt. Da ist zum Beispiel Papers – mein ehrenwerter Freund, wenn er mir erlaubt, ihn so zu nennen –, der zu Smiths Bücherstand gehört. Er wagt es nicht, an unseren Erfrischungsgetränkespielen teilzunehmen , genauso wenig wie er es wagt, auf eine Lokomotive zu springen, deren Dampf unter Volldampf steht, und sie allein zu fahren, mit begrenzter Postgeschwindigkeit. Papers, er würde in jedem Abteil, dem ersten, zweiten und dritten, auf der ganzen Länge des Zuges, eine Ohrfeige bekommen, wenn er es wagen würde, mein Verhalten nachzuahmen . Dasselbe gilt für die Gepäckträger, dasselbe für die Schaffner, dasselbe für die Fahrkartenverkäufer, dasselbe bis hinauf zur Sekretärin, dem Verkehrsleiter oder dem Vorsitzenden. Unter ihnen gibt es keinen einzigen, der so edel und unabhängig ist wie wir. Haben Sie jemals einen von *ihnen dabei erwischt* , wie er, als Sie etwas von ihm wollten, ein System zur Überwachung der Linie durch ein transparentes Medium aus Kopf und Körper entwickelte? Das hoffe ich nicht.

Sie sollten unseren Bandolining Room in Mugby Junction sehen. Man gelangt dorthin durch die Tür hinter dem Tresen, die, wie Sie bemerken werden, normalerweise angelehnt steht, und es ist der Raum, in dem unsere Missis und unsere jungen Damen ihre Haare bandolinieren . Sie sollten sie dabei sehen, wie sie zwischen den Zügen bandolinieren , als würden sie sich für den Kampf salben. Wenn Sie telegrafiert werden, sollten Sie sehen, wie sie ihre Nasen vor Verachtung hochziehen, als wäre dies Teil der Funktionsweise derselben elektrischen Maschinen von Cooke und Wheatstone. Sie sollten unsere Missis das Wort „Hier kommt das Biest, das gefüttert werden muss!" sagen hören und dann sollten Sie sehen, wie sie empört über die Linie hüpfen, von der Up zur Down oder Wicer Warsaw, und anfangen, das altbackene Gebäck auf die Teller zu werfen und die Sandwiches aus Sägemehl unter die Glasdeckel zu werfen und das – ha ha – herauszuholen, ha! – der Sherry – oh mein Auge, mein Auge! – zu deiner Erfrischung.

Nur auf der Insel der Tapferen und im Land der Freien (womit ich natürlich Britannien meine) ist die Erfrischung so wirksam, so wohltuend , so verfassungsmäßig, eine Kontrolle der Öffentlichkeit. Es gab einen Ausländer, der höflich, mit abgenommenem Hut, unsere jungen Damen und unsere Missis um „einen kleinen Gloss hoff " bat. prarndee ", und nachdem alle die Linie durch ihn hindurch besichtigt hatten und sonst niemand etwas von ihm wusste, wollte er sich schließlich selbst helfen, wie es in seinem eigenen Land Brauch zu sein scheint, als unsere Missis mit vor Wut fast aufgelöstem Haar und funkelnden Augen auf ihn losging, ihm die Karaffe aus der Hand riss und sagte: „Stellen Sie sie hin! Das werde ich nicht zulassen!" Der Ausländer wurde blass, trat mit ausgestreckten Armen zurück, verschränkte die Hände und straffte die Schultern und rief: „Ach! Ist das möglich? Dass diese verächtlichen Frauen und diese wilde alte Frau von der Verwaltung hier platziert wurden, nicht nur um die Reisenden zu vergiften, sondern um sie zu beleidigen! Großer Himmel! Wie kommt das? Beim englischen Volk. Oder ist er dann ein Sklave? Oder ein Idiot?" Ein anderes Mal hatte ein fröhlicher, hellwacher amerikanischer Herr das Sägemehl probiert und es wieder ausgespuckt, und hatte den Sherry probiert und ihn wieder ausgespuckt, und hatte vergeblich versucht, seine erschöpfte Seele mit Butterscotch aufrechtzuerhalten, und war ziemlich extra behängt und durchgemustert worden, als die Glocke läutete und er unsere Missis bezahlte, sagte er sehr laut und gut gelaunt: „Ich sage Ihnen, was es ist, Ma'arm . Ich la'af . Daer ! Ich la'af . Ich dew . Ich hätte die meisten Dinge sehen sollen, denn ich komme von der Inlandsseite des Atlantischen Ozeans, und ich bin direkt über den Inlandsrand gereist, direkt durch Jerusalem und den Osten, und ebenso durch Frankreich und Italien, Europa, die Alte Welt, und bin jetzt auf dem Weg zum wichtigsten europäischen Dorf; aber eine solche Institution wie Yew, und Yewer junge Damen, und Yewer Fixin ist fest und flüssig, vor dem herrlichen Tarnal habe ich noch nie gesehen! Und wenn ich nicht das achte Wunder der monarchischen Schöpfung gefunden habe, indem ich Yew und Yewer junge Damen und Yewer gefunden habe Fixierungen, fest und flüssig, alles wie oben beschrieben, hergestellt in einem Land, in dem die Leute nicht völlig verrückt sind . Ich bin extra doppelt gestopft, mit einer Zwickmühle und einem Kraus bis ins Innerste ! Wohin – da ! – ich la'af ! Ich la'af , Ma'arm . Ich la'af !" Und so ging er stampfend und seine Seiten schüttelnd den Bahnsteig entlang bis zu seinem eigenen Abteil.

Ich glaube, sie war es, die sich gegen den Ausländer auflehnte und unserer Missis die Idee gab , nach Frankreich zu gehen, und einen Vergleich anstellte zwischen der Erfrischung , wie sie unter den Froschfressern praktiziert wird, und der Erfrischung , wie sie auf der Insel der Tapferen und im Land der Freien triumphiert (womit ich natürlich gegen Britannien meine) . Unsere jungen Damen, Miss Whiff, Miss Piff und Mrs. Sniff, waren einstimmig gegen ihre Abreise; denn, wie sie unserer Missis alle sagen , es ist den Herren der Familie wohlbekannt, dass keine andere Nation außer Großbritannien eine Ahnung von irgendetwas hat , außer vor allem von Geschäften. Warum sollten Sie sich dann anstrengen, um zu beweisen, was bereits bewiesen ist? Unsere Missis jedoch (die in allen Punkten eine Quälgeisterin ist) blieb grimmig hartnäckig und bekam einen Rückpass mit South-Eastern Tidal, um, wenn sie so gesinnt war, direkt nach Marseille durchzufahren.

Sniff ist der Ehemann von Mrs. Sniff und ein richtiger unbedeutender Bursche. Er sieht in einem Hinterzimmer nach der Sägespäneabteilung und wird manchmal, wenn wir es sehr eilig haben, mit einem Korkenzieher hinter den Tresen gelassen; aber nie, wenn es sich vermeiden lässt, denn sein Benehmen gegenüber der Öffentlichkeit ist abstoßend unterwürfig. Wie Mrs. Sniff sich jemals so weit herablassen konnte, ihn zu heiraten, weiß ich nicht; aber ich nehme an, *er* tut es, und ich denke, er wünschte, er täte es nicht, denn er führt ein schreckliches Leben. Mrs. Sniff könnte nicht viel härter mit ihm umgehen, wenn er in der Öffentlichkeit stünde. Ebenso Miss Whiff und Miss Piff ; Sie nehmen den Ton von Mrs. Sniff an, schultern Sniff mit einem Korkenzieher, wenn er hereingelassen wird, und sie reißen ihm Dinge aus den Händen, wenn er sie in seiner Unterwürfigkeit der Öffentlichkeit überlassen will , und sie schnappen ihn, wenn er in der kriechenden

Niedertracht seines Geistes eine öffentliche Frage beantworten will, und sie treiben ihm mehr Tränen in die Augen als der Senf, den er den ganzen Tag lang auf das Sägemehl streut. (Aber er ist nicht stark.) Einmal, als Sniff die Widerlichkeit besaß, herüberzugreifen, um den Milchtopf zu holen, um ihn für ein Baby herzugeben, sehe ich, wie unsere Missis ihn in ihrer Wut an beiden Schultern packt und ihn in den Bandolining Room schleudert.

Aber Mrs. Sniff. Wie unterschiedlich! Sie ist die eine! Sie ist diejenige, von der Sie merken werden, dass sie immer anders aussieht, wenn Sie sie ansehen. Sie ist diejenige mit der schmalen Taille, die vorne eng angeschnallt ist, und mit den Spitzenmanschetten an den Handgelenken, die sie vor sich auf die Kante der Theke legt und glättend dasteht, während das Publikum schäumt. Das Glätten der Manschetten und das Umsehen, während das Publikum schäumt, ist die letzte Errungenschaft, die den jungen Damen beigebracht wird, die nach Mugby gekommen sind, um von unseren Missis vollendet zu werden. und es wird immer von Frau Sniff unterrichtet.

Als unsere Missis ihre Reise antraten, wurde Frau Sniff das Kommando überlassen. Sie hat das Publikum aufs Schönste in Schach gehalten! In meiner ganzen Zeit habe ich noch nie erlebt, dass Leuten halb so viele Tassen Tee ohne Milch gegeben wurden, wie sie es wollten, und auch nicht halb so viele Tassen Tee mit Milch, die Leuten gegeben wurden, als sie es ohne Milch wollten. Als es zu Schaumbildung kam, sagte Frau Schnüffler: „Dann klärt ihr es besser untereinander und tauscht euch untereinander aus." Es war eine überaus köstliche Lerche. Ich habe das Erfrischungsgeschäft mehr denn je genossen und war so froh, dass ich mich schon in jungen Jahren damit beschäftigt hatte.

Unsere Missis sind zurückgekehrt. Es verbreitete sich unter den jungen Damen, und so sehr es mir auch durch die Spalten des Bandolining- Raums dringen konnte, dass sie Enttäuschungen zu enthüllen hatte, wenn so verächtliche Enthüllungen mit dem Namen gewürdigt werden könnten. Unruhe wird geweckt. Die Aufregung war groß. Die Erwartung blieb auf Zehenspitzen. Schließlich wurde dargelegt, dass unsere Missis an unserem entspanntesten Abend der Woche und zu unserer entspanntesten Zeit des Abends zwischen den Zügen im Bandolining- Raum ihre Ansichten über ausländische Erfrischungen darlegen würden.

Es war geschmackvoll für diesen Zweck eingerichtet. Der Bandolinentisch und das Glas waren in einer Ecke versteckt, ein Sessel stand auf einer Kiste, damit unsere Missis sich verabschieden konnte, ein Tisch und ein Glas Wasser (danke, kein Sherry darin) standen daneben. Zwei der Schüler schmückten die Wand mit drei Motiven aus diesen Blumen, da es Herbst war und Stockrosen und Dahlien blühen. Auf einem stand: „ MÖGE ALBION NIE LERNEN ", auf einem anderen: „ HALTET DIE ÖFFENTLICHKEIT RUHIG ", auf einem dritten: „ UNSERE ERFRISCHUNGSCHARTA “. DAS GANZE SAH WUNDERSCHÖN AUS, UND DIE SCHÖNHEIT DER GEFÜHLE ENTSPRACH IHM .

Auf der Stirn unserer Missis stand Strenge geschrieben, als sie die verhängnisvolle Plattform bestieg. (Nicht, dass das irgendetwas Neues gewesen wäre.) Miss Whiff und Miss Piff saßen zu ihren Füßen. Ein durchschnittliches Auge hätte vor ihr drei Stühle aus dem Wartezimmer erkennen können , auf denen die Schüler Platz genommen hatten. Hinter ihnen hätte ein sehr aufmerksamer Beobachter einen Jungen erkennen können. Mich selbst.

„Wo“, sagte unsere Frau und blickte sich düster um, „ist Sniff?“

„Ich dachte, es wäre besser“, antwortete Mrs. Sniff, „ihn nicht hereinkommen zu lassen. Er ist so ein Esel.“

„Zweifellos“, stimmte unsere Frau zu. „Aber ist es deshalb nicht wünschenswert, seinen Geist zu verbessern?“

„Oh! Nichts wird *ihn jemals bessern* “, sagte Mrs. Sniff.

„Aber“, fuhr Unsere Frau fort, „rufen Sie ihn herein, Ezekiel.“

Ich rief ihn herein. Das Erscheinen des dümmlichen Kerls wurde von allen Seiten mit Missbilligung aufgenommen, weil er seinen Korkenzieher mitgebracht hatte. Er berief sich auf „die Macht der Gewohnheit“.

„Die Macht!“, sagte Mrs. Sniff. „Um Himmels Willen, lass uns nicht von Macht reden. So! Bleib ruhig stehen, wo du bist, mit dem Rücken zur Wand.“

Er ist ein lächelndes Stück Leere, und er lächelt auf die gemeine Art, mit der er sogar die Öffentlichkeit anlächelt, wenn er die Gelegenheit dazu bekommt (man kann es nicht gemeiner von ihm sagen), und er steht aufrecht neben der Tür, mit dem Hinterkopf an der Wand, als würde er darauf warten, dass jemand kommt und seine Größe für die Armee misst.

„Ich würde mich nicht auf die abstoßenden Enthüllungen einlassen, die ich Ihnen jetzt machen werde“, sagt unsere Missis, „wenn ich nicht hoffen würde, dass Sie dadurch noch unerbittlicher bei der Ausübung Ihrer Macht in einem verfassungsmäßigen Land werden und sich noch mehr dem verfassungsmäßigen Motto unterwerfen, das ich vor mir sehe“; es lag hinter ihr, aber die Worte klangen so besser; „„Möge Albion nie lernen!““

Hier hatten sich die Schüler das Motto ausgedacht, bewunderten es und riefen: „Hört! Hören! Hören!" Sniff, der eine Neigung zum Mitsingen zeigte, zog sich mit jeder Stirn runzelte die Stirn.

„Die Niedrigkeit der Franzosen", fuhr Unsere Missis fort, „wie sie sich in der kriecherischen Art ihrer Erfrischungen zeigt , ist gleichbedeutend mit, wenn nicht sogar besser, als alles, was man jemals von der Niedrigkeit des berühmten Bonaparte gehört hat."

Miss Whiff, Miss Piff und ich atmeten schwer, als würden wir sagen: „Das haben wir uns gedacht!"

Da Miss Whiff und Miss Piff offenbar etwas dagegen hatten, dass ich meines zusammen mit ihrem ertränkte , ertränkte ich noch ein anderes, um sie zu ärgern .

„Wird man mir glauben", sagt unsere Frau mit blitzenden Augen, „wenn ich Ihnen sage, dass ich kaum meinen Fuß auf dieses tückische Ufer gesetzt hatte —"

Hier sagt Sniff, entweder vor Wut schäumend oder laut nachdenkend, mit leiser Stimme: „Füße. Plural, weißt du."

Das Ducken, das ihn überkam, als er von allen Blicken verschmäht wurde, zusammen mit der Tatsache, dass er unter aller Verachtung stand, war Strafe genug für einen so unterwürfigen Kerl . Inmitten einer Stille, die durch die hochgestülpten weiblichen Nasen, die sie durchzogen, noch eindrucksvoller wirkte, fuhr unsere Missis fort:

„Soll man mir Glauben schenken, wenn ich Ihnen sage, dass ich", dieses Wort mit einem tödlichen Blick auf Sniff, „kaum an diesem tückischen Ufer gelandet war, als ich in einen Erfrischungsraum geführt wurde , wo es, ich übertreibe nicht, eigentlich war Essbare Dinge zu essen?"

Ein Stöhnen brach von den Damen aus. Ich habe mir nicht nur die Ehre erwiesen, Jining zu machen , sondern es auch zu verlängern.

„Wo gab es", fügten unsere Missis hinzu, „nicht nur essbare Dinge zu essen, sondern auch trinkbare Dinge zu trinken?"

Ein Murmeln, das fast zu einem Schrei anschwoll, Ariz. Fräulein Piff rief zitternd vor Empörung: „Name!"

„Ich *werde* den Namen nennen", sagten unsere Missis. „Es gab Geflügelbraten, heiß und kalt; es gab rauchenden Kalbsbraten, umgeben von gebräunten Kartoffeln; Es gab eine heiße Suppe, in der nichts Bitteres enthalten war (ich frage noch einmal, ob ich das glauben soll?), und kein Mehl, das den Verbraucher abwürgen könnte; es gab eine Auswahl an kalten Gerichten mit Gelee; es gab Salat; es gab – merken Sie sich! – *frisches* Gebäck, und zwar ein leichtes Gebäck; es gab eine üppige Fruchtpracht. Es gab Flaschen und Dekanter mit gutem, kleinem Wein in jeder Größe und passend für jeden Geldbeutel; Die gleiche abscheuliche Aussage gilt auch für Brandy; und diese wurden auf die Theke gelegt, damit sich jeder bedienen konnte."

Die Lippen unserer Missis zitterten so sehr, dass Mrs. Sniff, obwohl sie kaum weniger zuckte als sie, aufstand und ihnen das Glas hinhielt.

„Dies", fährt unsere Missis fort, „war meine erste verfassungswidrige Erfahrung. Es wäre auch gut gewesen, wenn es meine letzte und schlimmste gewesen wäre. Aber nein. Je weiter ich in dieses versklavte und unwissende Land vordrang, desto abscheulicher wurde sein Anblick. Ich muss dieser Versammlung nicht die Zutaten und die Zusammensetzung des britischen Erfrischungssandwichs erklären . "

Allgemeines Gelächter – außer von Sniff, der als Sandwichschneider in äußerster Niedergeschlagenheit seinen Kopf schüttelte, während er mit dem Kopf an der Wand stand.

„Gut!", sagte unsere Frau mit geweiteten Nasenlöchern. „Nehmen Sie ein frisches, knuspriges, langes, krustiges Penny-Brote aus dem weißesten und besten Mehl. Schneiden Sie es der Länge nach in der Mitte durch. Legen Sie eine schöne und gut passende Scheibe Schinken hinein. Binden Sie ein hübsches Stück Band um die Mitte des Ganzen, um es zusammenzuhalten. Fügen Sie an einem Ende eine hübsche Hülle aus sauberem, weißem Papier hinzu, um es festzuhalten. Und das universelle französische Erfrischungs-Sandwich platzt vor Ihren angewiderten Augen."

Ein Schrei von „Schande!" von allen – außer von Sniff, der sich beruhigend mit der Hand den Bauch rieb.

„Ich muss dieser Versammlung nicht die übliche Aufstellung und Einrichtung des britischen Erfrischungsraums erklären", sagte unsere Missis.

Nein, nein, und Gelächter. Schnief und schüttelte niedergeschlagen den Kopf gegen die Wand.

„Nun", sagte unsere Missis, „was würden Sie zu einer umfassenden Dekoration sagen , zu (manchmal eleganten) Vorhängen , zu bequemen Samtmöbeln, zu vielen kleinen Tischen, zu vielen kleinen Sitzen, zu flotten, munteren Kellnern, zu großer Bequemlichkeit, zu einer durchgängigen Sauberkeit und einem Geschmack, der das Publikum positiv anspricht und das Biest glauben lässt, dass er die Mühe wert ist?"

Verächtliche Wut bei allen Damen. Mrs. Sniff sieht aus, als wolle sie von jemandem festgehalten werden, und alle anderen sehen aus, als wollten sie das lieber nicht.

„Dreimal", sagte unsere Missis und steigerte sich in einen wirklich schrecklichen Zustand, „dreimal habe ich diese schändlichen Dinge gesehen, nur zwischen der Küste und Paris, und auch nicht mitgezählt: in Hazebroucke , in Arras, in Amiens." Aber es bleibt noch Schlimmeres. Sagen Sie mir, wie würden Sie eine Person nennen, die in England vorschlagen würde, dass, sagen wir, bei unserem eigenen Modell Mugby Junction, hübsche Körbe aufbewahrt werden sollten , in denen jeweils ein ausgewähltes kaltes Mittagessen und ein Dessert für eine Person enthalten sind, jeweils zu einem bestimmten Festpreis, und Jedes davon steht in der Macht eines Passagiers, es mitzunehmen, in aller Ruhe in den Waggon zu leeren und an einem anderen Bahnhof fünfzig oder hundert Meilen weiter zurückzukommen?"

Es herrschte Uneinigkeit darüber, wie eine solche Person heißen sollte. Ob Revolutionär, Atheist, Bright (*I* sagte er), oder Un-Englisch. Miss Piff kreischte zuletzt ihre schrille Meinung mit den Worten: „Ein bösartiger Wahnsinniger!"

„Ich übernehme", sagt Our Missis, „das Zeichen, das einer solchen Person durch die gerechte Empörung meiner Freundin Miss Piff auferlegt wurde . " Ein bösartiger Wahnsinniger. Wisse also, dass dieser bösartige Wahnsinnige dem sympathischen Boden Frankreichs entsprungen ist und dass sein bösartiger Wahnsinn auf demselben Teil meiner Reise ungebremst am Werk war."

Ich bemerkte, dass Sniff sich die Hände rieb und dass Mrs. Sniff ihn im Auge hatte. Aber ich schenkte ihm keine besondere Aufmerksamkeit, da die junge Dame so aufgeregt war und ich das Gefühl hatte, ich müsste mit einem Geheul weitermachen.

„Über meine Erfahrung südlich von Paris", sagten unsere Missis in tiefem Ton, „werde ich mich nicht ausbreiten. Zu abscheulich war die Aufgabe! Aber stell dir das vor. Stellen Sie sich vor, ein Wachmann kommt bei voller Fahrt vorbei und erkundigt sich, wie viele es zum Abendessen gäbe. Stellen Sie sich vor, er telegrafiert die Anzahl der Gäste. Es wird jeder erwartet und der Tisch ist elegant für die gesamte Party gedeckt. Stellen Sie sich ein bezauberndes Abendessen in einem bezaubernden Raum vor, und der Chefkoch, der um die Ehre jedes Gerichts besorgt ist, wacht in seiner sauberen weißen Jacke und Mütze darüber. Stellen Sie sich vor, das Biest reist sechshundert Meilen am Stück, sehr schnell und mit großer Pünktlichkeit, und doch wird ihm beigebracht, zu erwarten, dass all das für es getan wird!"

Ein temperamentvoller Refrain von „The Beast!"

Ich bemerkte, dass Sniff sich wieder mit einer beruhigenden Hand den Bauch rieb und dass er ein Bein hochgezogen hatte . Aber ich schenkte dem wiederum keine besondere Aufmerksamkeit, da ich mich selbst als dazu berufen sah, die öffentliche Stimmung anzuregen . Außerdem war es ein Spaß.

„Alles zusammen", sagte unsere Frau, „kommt auf französische Erfrischungen , und oh, das ergibt ein schönes Gesamtergebnis! Erstens: Essbares zu essen und trinkbares zu trinken."

Ein Stöhnen der jungen Damen, das ich nicht vernehmen konnte .

„Zweitens: Bequemlichkeit und sogar Eleganz."

Noch ein Stöhnen der jungen Damen, das ich weiter aufrecht erhielt .

„Drittens: moderate Anklagepunkte."

Diesmal ein Stöhnen von mir, unterstützt von den jungen Damen.

„ Viertens: – und hier", sagt unsere Frau, „verlange ich Ihr leidenschaftlichstes Mitgefühl – Aufmerksamkeit, allgemeine Höflichkeit, ja sogar Anstand!"

Die jungen Damen und ich geraten regelmäßig alle gleichzeitig in Rage.

„Und zum Schluss kann ich Ihnen kein vollständigeres Bild dieser verabscheuungswürdigen Nation (nach dem, was ich erzählt habe) geben", sagt Unsere Frau mit ihrem gehässigsten Spott, als Ihnen zu versichern, dass sie unsere verfassungsmäßigen Sitten und unsere edle Unabhängigkeit nicht ertragen würden in Mugby Junction, für einen einzigen Monat, und dass sie uns nach rechts wenden und ein anderes System an unseren Plätzen einbauen würden, sobald sie uns sehen würden; vielleicht schon früher, denn ich glaube nicht, dass sie den guten Geschmack haben, sich die Mühe zu machen, uns zweimal anzusehen."

Der anschwellende Tumult wurde in seinem Aufkommen gestoppt. Sniff, von seinem unterwürfigen Wesen überwältigt, hatte sein Bein mit immer größerem Vergnügen hochgezogen, und nun wurde entdeckt, dass er seinen Korkenzieher über dem Kopf schwenkte . In diesem Moment stürzte Mrs. Sniff, die ihn wie der sagenumwobene Obelisk im Auge behalten hatte, auf ihr Opfer herab . Unsere Missis folgten ihnen beiden hinaus und in der Sägemehlabteilung waren Schreie zu hören.

Sie kommen in den Down Refreshment Room an der Kreuzung und tun so, als würden Sie mich nicht kennen, und ich werde Sie mit meinem rechten Daumen über meiner Schulter rausschmeißen, nämlich Our Missis und Miss Whiff. und das ist Miss Piff ; und das ist Mrs. Sniff. Aber Sie werden keine Chance bekommen, Sniff zu sehen, weil er in dieser Nacht verschwunden ist. Ob er umkam, in Stücke gerissen wurde, kann ich nicht sagen; aber nur sein Korkenzieher bleibt übrig, um die Unterwürfigkeit seines Wesens zu bezeugen.

Nr. 1 ZWEIGLEITUNG
DER STELLENSTELLE

„ Hallo ! Da unten!"

Als er eine Stimme hörte, die ihn so rief, stand er an der Tür seiner Loge, mit einer Fahne in der Hand, die um die kurze Stange gewickelt war. Angesichts der Beschaffenheit des Bodens hätte man meinen können, dass er nicht daran zweifeln konnte, aus welcher Richtung die Stimme kam; Aber anstatt nach oben zu schauen, wo ich oben auf dem steilen Abgrund fast über seinem Kopf stand, drehte er sich um und schaute die Linie hinunter. Es war etwas Bemerkenswertes in seiner Art, das zu tun, obwohl ich beim besten Willen nicht hätte sagen können, was. Aber ich weiß, dass es bemerkenswert genug war, um meine Aufmerksamkeit zu erregen, auch wenn seine Gestalt unten im tiefen Graben perspektivisch verkürzt und im Schatten lag und meine hoch über ihm war und so in den Schein eines wütenden Sonnenuntergangs getaucht, dass ich meine Augen beschattet hatte mit meiner Hand, bevor ich ihn überhaupt sah.

„ Hallo ! Unten!"

Er blickte die Linie entlang, drehte sich noch einmal um, hob den Blick und sah meine Gestalt hoch über sich.

„Gibt es einen Weg, auf dem ich herunterkommen und mit Ihnen sprechen kann?"

Er sah zu mir auf, ohne zu antworten, und ich sah auf ihn herab, ohne ihn zu schnell mit einer Wiederholung meiner müßigen Frage zu bedrängen. Genau in diesem Moment kam es zu einer unbestimmten Vibration in der Erde und in der Luft, die sich schnell in ein heftiges Pulsieren verwandelte, und zu einem Gegenwind, der mich zurückschrecken ließ, als hätte er die Kraft, mich nach unten zu ziehen. Als der Dampf , der von diesem Schnellzug bis zu meiner Höhe aufstieg, an mir vorbeigezogen war und über die Landschaft hinwegfegte, sah ich wieder hinunter und sah, wie er die Flagge, die er gezeigt hatte, während der Zug vorbeifuhr, wieder einrollte.

Ich wiederholte meine Anfrage. Nach einer Pause, in der er mich mit starrer Aufmerksamkeit zu betrachten schien, deutete er mit seiner zusammengerollten Fahne auf einen etwa zwei- bis dreihundert Meter entfernten Punkt auf meiner Höhe. Ich rief ihm zu. „Alles klar!" und für diesen Punkt gemacht. Als ich mich dort genau umsah, entdeckte ich einen groben, im Zickzack verlaufenden Weg, der abwärts führte und dem ich folgte.

Der Einschnitt war extrem tief und ungewöhnlich steil. Es entstand durch einen klammen Stein, der beim Abstieg immer schleimiger und feuchter wurde. Aus diesen Gründen fand ich den Weg lange genug, um mir Zeit zu geben, mich an die seltsame Miene des Widerwillens oder Zwanges zu erinnern, mit der er mir den Weg gezeigt hatte.

Als ich im Zick-Zack-Abstieg tief genug herunterkam, um ihn wiederzusehen, sah ich, dass er zwischen den Schienen auf der Gleise stand, auf der der Zug kürzlich vorbeigefahren war, in einer Haltung, als würde er auf mein Erscheinen warten . Er hatte seine linke Hand am Kinn und den linken Ellbogen ruhte auf seiner rechten Hand, die über seiner Brust gekreuzt war. Seine Haltung war so erwartungsvoll und wachsam, dass ich einen Moment innehielt und mich darüber wunderte.

Ich setzte meinen Abstieg fort, und als ich auf die Höhe der Eisenbahnlinie trat und näher an ihn herantrat, sah ich, dass er ein dunkler, blasser Mann mit dunklem Bart und ziemlich dicken Augenbrauen war. Sein Posten befand sich an einem so einsamen und trostlosen Ort wie nie zuvor. Auf beiden Seiten eine tropfnasse Mauer aus gezacktem Stein, die bis auf einen Streifen Himmel jede Sicht versperrte; die Perspektive in eine Richtung, nur eine krumme Verlängerung dieses großen Kerkers; die kürzere Perspektive in die andere Richtung, die in einem düsteren roten Licht endet, und der düsterere Eingang zu einem schwarzen Tunnel, in dessen massiver Architektur eine barbarische, deprimierende und abweisende Atmosphäre herrschte. So wenig Sonnenlicht gelangte jemals an diesen Ort, dass er einen erdigen, tödlichen Geruch hatte; und so viel kalter Wind wehte hindurch, dass es mir kalt vorkam, als hätte ich die natürliche Welt verlassen.

Bevor er sich rührte, war ich ihm so nahe, dass ich ihn hätte berühren können. Er wandte seinen Blick nicht einmal von meinem ab, trat einen Schritt zurück und hob die Hand.

Dies war ein einsamer Posten (sagte ich) und er hatte meine Aufmerksamkeit gefesselt, als ich von dort oben herabblickte. Ein Besucher war eine Seltenheit, sollte ich annehmen; keine unwillkommene Seltenheit, hoffte ich? In mir sah er lediglich einen Mann, der sein ganzes Leben lang in engen Grenzen eingesperrt gewesen war und der, als er endlich frei war, ein neu erwachtes Interesse an diesen großen Werken hatte. Zu diesem Zweck sprach ich mit ihm; aber ich bin mir der Worte, die ich verwendete, keineswegs sicher, denn abgesehen davon, dass ich nicht gerne ein Gespräch beginne, war da etwas an dem Mann, das mich einschüchterte.

Er warf einen äußerst neugierigen Blick auf das rote Licht am Tunneleingang und sah sich dort um, als ob etwas fehlte, und sah dann mich an.

Dieses Licht war Teil seiner Aufgabe? Oder nicht?

Er antwortete leise: „Weißt du nicht, dass es so ist?"

Als ich die starren Augen und das düstere Gesicht betrachtete, kam mir der monströse Gedanke, dass dies ein Geist und kein Mensch war. Seitdem habe ich darüber spekuliert, ob sein Geist vielleicht infiziert war.

Ich trat meinerseits zurück. Doch dabei bemerkte ich in seinen Augen eine Art latente Angst vor mir. Das vertrieb den monströsen Gedanken.

„Sie sehen mich an", sagte ich und zwang sich zu einem Lächeln, „als hätten Sie Angst vor mir."

„Ich war mir nicht sicher", erwiderte er, „ob ich Sie schon einmal gesehen hatte."

"Wo?"

Er zeigte auf das rote Licht, das er gesehen hatte.

„Da?", sagte ich .

Er beobachtete mich aufmerksam und antwortete (aber ohne Ton): „Ja."

„Mein lieber Freund, was soll ich da machen? Wie dem auch sei, ich war nie dort, das können Sie schwören."

„Ich denke, das kann ich", erwiderte er. "Ja. Ich bin mir sicher, dass ich das kann."

Sein Benehmen wurde klarer, wie meines. Er antwortete auf meine Bemerkungen bereitwillig und mit wohlgewählten Worten. Hatte er dort viel zu tun? Ja; das heißt, er hatte genug Verantwortung zu tragen; aber Genauigkeit und Wachsamkeit waren das, was von ihm verlangt wurde, und an tatsächlicher Arbeit – Handarbeit – hatte er so gut wie keine. Das Signal zu ändern, diese Lichter einzustellen und ab und zu diesen Eisengriff zu drehen, war alles, was er unter diesem Oberhaupt zu tun hatte. In Bezug auf die vielen langen und einsamen Stunden, die ich so sehr zu schätzen schien, konnte er nur sagen, dass die Routine seines Lebens diese Form angenommen hatte und er sich daran gewöhnt hatte. Er hatte sich hier unten eine Sprache beigebracht – und wenn man sie nur vom Sehen kannte und sich seine eigenen groben Vorstellungen von ihrer Aussprache gebildet hatte, konnte man das als Lernen bezeichnen. Er hatte auch an Bruchen und Dezimalzahlen gearbeitet und sich ein wenig an Algebra versucht; aber er war und war schon als Junge ein schlechter Mensch im Rechnen. Musste er während seines Dienstes immer in diesem Kanal feuchter Luft bleiben und konnte er nie zwischen diesen hohen Steinmauern ins Sonnenlicht steigen? Nun, das hing von den Zeiten und Umständen ab. Unter bestimmten Bedingungen war weniger auf der Linie als unter anderen, und das Gleiche galt für bestimmte Tages- und Nachtzeiten. Bei hellem Wetter suchte er sich

Gelegenheiten, um ein wenig über diese unteren Schatten hinauszukommen; aber da er ständig Gefahr lief, von seiner elektrischen Klingel gerufen zu werden, und zu solchen Zeiten mit doppelter Angst darauf lauschte, war die Erleichterung geringer, als ich vermutet hätte.

Er nahm mich mit in seine Loge, wo ein Feuer brannte, ein Pult für ein Amtsbuch, in das er bestimmte Einträge machen musste, ein Telegraphengerät mit Zifferblatt und Zeigern und das Glöckchen, von dem er gesprochen hatte. Als ich darauf vertraute, dass er die Bemerkung verzeihen würde, dass er gut gebildet und (ich hoffte, es nicht beleidigend sagen zu dürfen) vielleicht über dieser Stufe gebildet gewesen sei, bemerkte er, dass es in dieser Hinsicht selten an Fällen geringfügiger Unstimmigkeiten mangeln würde große Körperschaften von Männern; dass er gehört hatte, dass es in Arbeitshäusern, bei der Polizei und sogar in der letzten verzweifelten Ressource, der Armee, so war; und dass er wusste, dass dies mehr oder weniger bei jedem großen Eisenbahnpersonal der Fall war. Er war in jungen Jahren (wenn ich es glauben konnte, als er in dieser Hütte saß; er konnte es kaum) ein Student der Naturphilosophie gewesen und hatte Vorlesungen besucht; aber er war wild geworden, hatte seine Möglichkeiten missbraucht, war untergegangen und nie wieder aufgestanden. Darüber hatte er nichts zu bemängeln. Er hatte sein Bett gemacht und legte sich darauf. Es war viel zu spät, noch eins zu machen.

„Alles, was ich hier zusammengefasst habe", sagte er ruhig und teilte seine ernsten, dunklen Grüße zwischen mir und dem Feuer. Von Zeit zu Zeit warf er das Wort „Sir" ein, besonders wenn er sich auf seine Jugend bezog: als wollte er mich um Verständnis bitten, dass er behauptete, nichts anderes zu sein als das, was ich in ihm vorfand. Er wurde mehrmals von der kleinen Glocke unterbrochen und musste Nachrichten vorlesen und Antworten senden. Einmal musste er vor der Tür stehen, eine Flagge zeigen, während ein Zug vorbeifuhr, und dem Lokführer eine mündliche Mitteilung machen. Bei der Erfüllung seiner Pflichten beobachtete ich, dass er bemerkenswert genau und wachsam war, seine Rede bei einer Silbe abbrach und schwieg, bis das, was er tun musste, erledigt war.

mir sprach, zweimal mit trübem Gesicht abbrach und sein Gesicht dem zuwandte Als die kleine Glocke nicht klingelte , öffnete sie die Tür der Hütte (die geschlossen gehalten wurde, um die ungesunde Feuchtigkeit fernzuhalten) und schaute hinaus zum roten Licht nahe der Tunnelmündung. Bei beiden Gelegenheiten kam er mit der unerklärlichen Miene zum Feuer zurück, die ich bemerkt hatte, ohne es zu definieren, als wir so weit voneinander entfernt waren.

Als ich aufstand, um ihn zu verlassen, sagte ich: „Du gibst mir fast das Gefühl, ich hätte einen zufriedenen Mann getroffen."

(Ich fürchte, ich muss zugeben, dass ich es gesagt habe, um ihn weiterzuleiten).

„Ich glaube, früher war das so", erwiderte er mit der leisen Stimme, mit der er zuerst gesprochen hatte; „aber ich bin beunruhigt, Sir, ich bin beunruhigt."

Wenn er gekonnt hätte, hätte er sich an die Worte erinnert. Aber er hatte sie gesagt, und ich habe sie schnell wieder aufgegriffen.

„Womit? Was ist dein Problem?"

„Es ist sehr schwer, das mitzuteilen, Sir. Es ist sehr, sehr schwer, darüber zu sprechen. Wenn Sie mich jemals wieder besuchen, werde ich versuchen, es Ihnen zu erzählen."

„Aber ich habe ausdrücklich vor, Sie noch einmal zu besuchen. Sagen Sie, wann soll das sein?"

„Ich fahre morgen früh los und bin morgen Abend um zehn wieder da, Sir."

„Ich komme um elf."

Er dankte mir und ging mit mir zur Tür hinaus. „Ich werde mein weißes Licht zeigen, Sir", sagte er mit seiner eigentümlich tiefen Stimme, „bis Sie den Weg nach oben gefunden haben. Wenn Sie es gefunden haben, rufen Sie nicht weiter! Und wenn Sie oben sind, rufen Sie nicht!"

Sein Verhalten schien mir den Ort kälter erscheinen zu lassen, aber ich sagte nur „Sehr gut."

„Und wenn Sie morgen Abend herunterkommen, rufen Sie nicht! Lassen Sie mich Ihnen eine Abschiedsfrage stellen. Warum hast du „ Hallo ! " geweint ? Da unten!' heute Abend?"

„Weiß der Himmel", sagte ich. „Ich habe etwas in dieser Richtung geweint –"

„Nicht in diesem Sinne, Sir. Das waren genau die Worte. Ich kenne sie gut."

„Gib zu, das waren genau die Worte. Ich habe sie zweifellos gesagt, weil ich dich unten gesehen habe."

„Aus keinem anderen Grund?"

„Welchen anderen Grund könnte ich denn sonst haben!"

„Du hattest nicht das Gefühl, dass sie dir auf übernatürliche Weise übermittelt wurden?"

"NEIN."

Er wünschte mir eine gute Nacht und hielt sein Licht hoch. Ich ging neben der Gleislinie entlang (mit dem sehr unangenehmen Gefühl, als würde ein Zug hinter mir herfahren), bis ich den Weg fand. Der Aufstieg war einfacher als der Abstieg, und ich kam ohne Abenteuer zu meinem Gasthaus zurück.

Pünktlich zu meinem Termin setzte ich am nächsten Abend, als die fernen Uhren elf schlugen, meinen Fuß auf die erste Kerbe des Zickzacks. Er wartete unten mit eingeschaltetem weißem Licht auf mich. „Ich habe nicht gerufen", sagte ich, als wir uns näher kamen; „Darf ich jetzt sprechen?" „Auf jeden Fall, Sir." „Dann gute Nacht, und hier ist meine Hand." „Gute Nacht, Sir, und hier ist meine." Damit gingen wir Seite an Seite zu seiner Kiste, betraten sie, schlossen die Tür und setzten uns ans Feuer.

„Ich habe beschlossen, Sir", begann er, beugte sich nach vorne, sobald wir Platz genommen hatten, und sprach in einem Tonfall, der kaum mehr als ein Flüstern war, „dass Sie mich nicht zweimal fragen müssen, was mich beunruhigt." Ich habe dich gestern Abend für jemand anderen gehalten. Das macht mir Sorgen."

„Dieser Fehler?"

"NEIN. Das ist jemand anderes."

"Wer ist es?"

"Ich weiß nicht."

"Wie ich?"

„Ich weiß es nicht. Ich habe das Gesicht nie gesehen. Der linke Arm liegt vor dem Gesicht und der rechte Arm wird geschwenkt. Heftig geschwenkt. Hier entlang."

Ich verfolgte seine Bewegung mit den Augen, und es war die Bewegung eines Arms, der mit äußerster Leidenschaft und Vehemenz gestikulierte: „Um Gottes Willen, macht den Weg frei!"

„In einer Mondnacht", sagte der Mann, „sitzte ich hier, als ich eine Stimme „ Hallo ! " rufen hörte. Da unten!' Ich fuhr hoch, schaute von der Tür aus und sah, dass noch jemand an der roten Ampel in der Nähe des Tunnels stand und winkte, wie ich es Ihnen gerade gezeigt hatte. Die Stimme klang heiser vom Geschrei und rief: „Pass auf!" Achtung!' Und dann noch einmal „ Hallo ! " Da unten! Achtung!' Ich nahm meine Lampe, schaltete sie auf Rot ein, rannte auf die Gestalt zu und rief: „Was ist los?" Was ist passiert? Wo?' Es stand direkt außerhalb der Schwärze des Tunnels. Ich kam ihm so nahe, dass ich mich wunderte, dass er den Ärmel vor den Augen hielt. Ich rannte direkt darauf zu und streckte meine Hand aus, um den Ärmel wegzuziehen, als er weg war."

„In den Tunnel", sagte ich.

"NEIN. Ich rannte weiter, in den Tunnel hinein, fünfhundert Meter. Ich blieb stehen und hielt meine Lampe über meinen Kopf und sah die Zahlen der gemessenen Entfernung und sah die nassen Flecken, die sich von den Wänden stahlen und durch den Bogen tropften. Ich rannte wieder raus, schneller, als ich hineingerannt war (denn ich hatte einen tödlichen Abscheu vor dem Ort auf mir), und ich schaute mich mit meinem eigenen roten Licht um die rote Ampel herum und stieg die Eisenleiter hinauf zur Galerie oben davon, und ich stieg wieder herunter und rannte hierher zurück. Ich telegrafierte in beide Richtungen: „Es wurde Alarm gegeben." Ist etwas falsch?' Die Antwort kam in beide Richtungen: ‚Alles gut.'"

Ich widerstand der langsamen Berührung eines gefrorenen Fingers, der über meine Wirbelsäule fuhr, und zeigte ihm, dass diese Figur eine Täuschung seines Sehsinns sein muss und dass diese Figur ihren Ursprung in einer Erkrankung der empfindlichen Nerven hat, die für die Funktionen des Auges zuständig sind Es ist bekannt, dass sie häufig Patienten beunruhigten, von denen einige sich der Natur ihres Leidens bewusst geworden waren und dies sogar durch Experimente an sich selbst bewiesen hatten. „Was einen imaginären Schrei angeht", sagte ich, „lauschen Sie doch einen Moment lang dem Wind in diesem unnatürlichen Tal, während wir so leise sprechen, und dem wilden Harfen, den er aus den Telegraphendrähten macht!"

Das sei alles schön und gut, erwiderte er, nachdem wir eine Weile dagesessen und zugehört hatten, und er sollte etwas über den Wind und die Drähte wissen, er, der so oft lange Winternächte dort verbrachte, allein und beobachtend. Aber er würde darum bitten anzumerken, dass er noch nicht fertig war.

Ich bat ihn um Verzeihung und er fügte langsam diese Worte hinzu und berührte meinen Arm:

„Innerhalb von sechs Stunden nach der Erscheinung ereignete sich der denkwürdige Unfall auf dieser Linie, und innerhalb von zehn Stunden wurden die Toten und Verwundeten durch den Tunnel über die Stelle gebracht, an der die Gestalt gestanden hatte."

Ein unangenehmer Schauder überkam mich, aber ich tat mein Bestes, ihn zu unterdrücken. Es ließ sich nicht leugnen, erwiderte ich, dass dies ein bemerkenswerter Zufall war, der geeignet war, seinen Geist tief zu beeindrucken. Aber es stand außer Frage, dass bemerkenswerte Zufälle immer wieder auftraten und man sie bei der Behandlung eines solchen Themas berücksichtigen musste. Allerdings muss ich zugeben, fügte ich hinzu (denn ich glaubte zu erkennen, dass er den Einwand gegen mich erheben würde), dass Menschen mit gesundem Menschenverstand bei den gewöhnlichen Berechnungen des Lebens nicht viel für Zufälle übrig ließen.

Er wollte noch einmal anmerken, dass er noch nicht fertig sei.

Ich bat ihn erneut um Verzeihung für die Unterbrechungen.

„Das", sagte er, legte erneut seine Hand auf meinen Arm und blickte mit hohlen Augen über seine Schulter, „war erst vor einem Jahr. Sechs oder sieben Monate vergingen, und ich hatte mich von der Überraschung und dem Schock erholt, als ich eines Morgens, als der Tag anbrach, an dieser Tür stand, in Richtung der roten Ampel schaute und das Gespenst wieder sah." Er blieb stehen und sah mich starr an.

„Hat es geschrien?"

"NEIN. Es war still."

„Hat es mit dem Arm geschwenkt?"

"NEIN. Es lehnte gegen den Lichtstrahl, beide Hände vor dem Gesicht. So was."

Noch einmal verfolgte ich seine Aktion mit meinen Augen. Es war eine Traueraktion. Ich habe eine solche Haltung bei Steinfiguren auf Gräbern gesehen.

„Bist du hinaufgegangen?"

„Ich kam herein und setzte mich, teils um meine Gedanken zu sammeln, teils weil es mir schwindlig gemacht hatte. Als ich wieder zur Tür ging, war das Tageslicht über mir und der Geist war verschwunden."

„Aber es ist nichts passiert? Es ist nichts dabei herausgekommen?"

Er berührte meinen Arm zwei- oder dreimal mit dem Zeigefinger und nickte jedes Mal gespenstisch:

„An diesem Tag, als ein Zug aus dem Tunnel kam, bemerkte ich an einem Waggonfenster auf meiner Seite etwas, das aussah wie ein Durcheinander von Händen und Köpfen, und etwas winkte. Ich sah es gerade rechtzeitig, um dem Fahrer ein Zeichen zu geben: Halt! Er schaltete ab und zog die Bremse an, aber der Zug fuhr hundertfünfzig Meter oder mehr hier vorbei. Ich rannte hinterher und hörte im Vorbeifahren schreckliche Schreie und Geschrei. Eine wunderschöne junge Dame war in einem der Abteile sofort gestorben, wurde hierhergebracht und zwischen uns auf den Boden gelegt."

Unwillkürlich schob ich meinen Stuhl zurück, während ich von den Brettern, auf die er zeigte, zu sich selbst blickte.

„Stimmt, Sir. WAHR. Genau so, wie es passiert ist, also erzähle ich es dir."

Mir fiel nichts ein, was ich sagen könnte, egal zu welchem Zweck, und mein Mund war sehr trocken. Der Wind und die Kabel nahmen die Geschichte mit einem langen, klagenden Heulen auf.

Er fuhr fort. „Nun, Sir, merken Sie sich das und beurteilen Sie, wie beunruhigt mein Geist ist. Das Gespenst kam vor einer Woche zurück. Seitdem ist es hin und wieder da, stoßweise."

"An dem Licht?"

„Am Gefahrenlicht."

„Was scheint es zu tun?"

Er wiederholte, wenn möglich mit gesteigerter Leidenschaft und Heftigkeit, die frühere Geste: „Um Gottes willen, mach den Weg frei!"

Dann fuhr er fort. „Ich habe dafür weder Frieden noch Ruhe. Viele Minuten lang ruft es mir schmerzerfüllt zu : „Da unten!" Achtung! Achtung!' Es steht da und winkt mir zu. Es klingelt bei mir –"

Das ist mir aufgefallen. „Hat es gestern Abend, als ich hier war, bei dir geklingelt und du bist zur Tür gegangen?"

"Zweimal."

„Sehen Sie", sagte ich, „wie Ihre Fantasie Sie in die Irre führt. Meine Augen waren auf die Glocke gerichtet, und meine Ohren waren für die Glocke geöffnet, und wenn ich ein lebender Mann bin, läutete sie zu diesen Zeiten NICHT . Nein, auch nicht zu irgendeinem anderen Zeitpunkt, außer wenn es im natürlichen Ablauf der physischen Dinge von der Station, die mit Ihnen kommuniziert, ausgelöst wird."

Er schüttelte den Kopf. „Ich habe mich diesbezüglich noch nie geirrt, Sir. Ich habe das Klingeln des Gespenstes nie mit dem des Menschen verwechselt . Das Klingeln des Geistes ist eine seltsame Vibration in der Glocke, die von nichts anderem herrührt, und ich habe nicht behauptet, dass die Glocke das Auge bewegt. Es wundert mich nicht, dass Sie es nicht gehört haben. Aber *ich* habe es gehört."

„Und schien das Gespenst dort zu sein, als Sie hinausgeschaut haben?"

"Es WAR da."

"Beide Male?"

Er wiederholte bestimmt: „Beide Male."

„Kommst du jetzt mit mir zur Tür und suchst danach?"

Er biss sich auf die Unterlippe, als wäre er nicht ganz gewillt, stand aber auf. Ich öffnete die Tür und stellte mich auf die Stufe, während er im Türrahmen stand. Dort war das Warnlicht. Dort war der düstere Eingang des Tunnels. Dort waren die hohen, nassen Steinwände des Einschnitts. Dort waren die Sterne über ihnen.

„Siehst du es?", fragte ich ihn und achtete dabei besonders auf sein Gesicht. Seine Augen waren hervortretend und angespannt; aber vielleicht nicht viel mehr als meine, als ich sie ernsthaft auf dieselbe Stelle gerichtet hatte.

„Nein", antwortete er. „Es ist nicht da."

„Einverstanden", sagte ich.

Wir gingen wieder hinein, schlossen die Tür und nahmen wieder Platz. Ich überlegte, wie ich diesen Vorteil, wenn man ihn überhaupt so nennen könnte, am besten verbessern könnte, als er das Gespräch mit einer so selbstverständlichen Art und Weise aufnahm, dass ich mich in der Annahme, dass zwischen uns keine ernsthafte Tatsachenfrage bestehen könne, in Verlegenheit gebracht fühlte in der schwächsten Position.

„Mittlerweile werden Sie völlig verstehen, Sir", sagte er, „dass die Frage, was mich so schrecklich beunruhigt, die Frage ist: Was bedeutet das Gespenst ? "

Ich war mir nicht sicher, sagte ich ihm, ob ich es wirklich verstanden hätte.

„Wovor wird gewarnt?" sagte er grübelnd, den Blick auf das Feuer gerichtet und nur ab und zu auf mich gerichtet. „Was ist die Gefahr? Wo liegt die Gefahr? Irgendwo auf der Linie lauert Gefahr. Es wird eine schreckliche Katastrophe passieren. Daran besteht auch dieses dritte Mal kein Zweifel, nach allem, was zuvor geschehen ist. Aber das ist sicherlich eine grausame Verfolgung von *mir*. Was kann *ich* machen!"

Er zog sein Taschentuch heraus und wischte sich die Tropfen von seiner erhitzten Stirn.

„Wenn ich Gefahr telegrafiere, auf einer Seite von mir oder auf beiden, kann ich keinen Grund dafür nennen", fuhr er fort und wischte sich die Handflächen ab. „Ich sollte in Schwierigkeiten geraten und nichts Gutes tun. Sie würden denken, ich sei verrückt. So würde es funktionieren: – Meldung: „Gefahr!" Aufpassen!' Antwort: „Welche Gefahr?" Wo?' Nachricht: „Weiß nicht. Aber um Himmels willen, pass auf dich auf!' Sie würden mich verdrängen. Was könnten sie sonst noch tun?"

Sein seelischer Schmerz war äußerst erbärmlich anzusehen. Es war die mentale Folter eines gewissenhaften Mannes, der von einer unverständlichen

Verantwortung, die das Leben mit sich brachte, unerträglich unterdrückt wurde.

„Als es zum ersten Mal im Gefahrenlicht stand", fuhr er fort, strich sich das dunkle Haar aus dem Kopf und fuhr sich in fiebriger Verzweiflung die Hände über die Schläfen, „warum hat es mir nicht gesagt, wo sich dieser Unfall ereignen würde – wenn er denn passieren musste? Warum hat es mir nicht gesagt, wie er hätte verhindert werden können – wenn er hätte verhindert werden können? Als es bei seiner zweiten Ankunft sein Gesicht verbarg, warum hat es mir dann nicht stattdessen gesagt: ‚Sie wird sterben. Sollen sie sie zu Hause behalten?' Wenn es bei diesen beiden Gelegenheiten nur kam, um mir zu zeigen, dass seine Warnungen wahr waren, und um mich so auf die dritte vorzubereiten, warum hat es mich dann nicht jetzt deutlich gewarnt? Und ich, Gott steh mir bei! Ein bloß armer Signalmann auf dieser einsamen Station! Warum nicht zu jemandem gehen, der Glaubwürdigkeit genießt und die Macht hat, zu handeln!"

Als ich ihn in diesem Zustand sah, erkannte ich, dass ich im Interesse des armen Mannes und der öffentlichen Sicherheit im Moment nur seine Gedanken beruhigen musste. Daher ließ ich alle Fragen der Realität oder Unwirklichkeit zwischen uns beiseite und erklärte ihm, dass jeder, der seine Pflicht gründlich erfüllte, dies auch gut tun musste, und dass es zumindest für ihn ein Trost war, dass er seine Pflicht verstand, auch wenn er diese verwirrenden Erscheinungen nicht verstand. Mit diesem Versuch war ich weitaus erfolgreicher als mit dem Versuch, ihn durch Argumente von seiner Überzeugung abzubringen. Er wurde ruhig; die mit seinem Posten verbundenen Beschäftigungen forderten im Laufe der Nacht immer mehr Aufmerksamkeit, und ich verließ ihn um zwei Uhr morgens. Ich hatte angeboten, die Nacht zu bleiben, aber er wollte nichts davon hören.

Dass ich beim Hochgehen des Weges mehr als einmal auf das rote Licht zurückblickte, dass mir das rote Licht nicht gefiel und dass ich schlecht hätte schlafen können, wenn mein Bett darunter gestanden hätte, sehe ich keinen Grund, das zu verheimlichen. Auch die beiden Szenen mit dem Unfall und dem toten Mädchen gefielen mir nicht. Auch das sehe ich nicht zu verheimlichen.

jedoch am meisten beschäftigte, war die Überlegung, wie ich mich verhalten sollte, nachdem ich diese Enthüllung erhalten hatte. Ich hatte bewiesen, dass der Mann intelligent, wachsam, gewissenhaft und genau war; aber wie lange würde er das in seinem Geisteszustand bleiben? Obwohl er eine untergeordnete Position innehatte, trug er doch eine äußerst wichtige Verantwortung, und würde ich (zum Beispiel) mein eigenes Leben darauf verwetten wollen, dass er diese Aufgabe weiterhin mit Genauigkeit ausführen würde?

Unfähig, das Gefühl zu überwinden, dass es etwas Verräterisches sein würde, wenn ich seinen Vorgesetzten im Unternehmen mitteilte, was er mir erzählt hatte, ohne zuvor klar zu sich selbst zu sein und ihm einen Mittelweg vorzuschlagen, beschloss ich schließlich, ihm anzubieten, ihn zu begleiten (ansonsten würde er sein Geheimnis vorerst für sich behalten) dem klügsten Arzt, den wir in dieser Gegend kennengelernt haben, vorlegen und seine Meinung einholen. Nächste Nacht würde sich seine Dienstzeit ändern, hatte er mir mitgeteilt, und er würde ein oder zwei Stunden nach Sonnenaufgang frei und kurz nach Sonnenuntergang wieder antreten. Ich hatte beschlossen, entsprechend zurückzukehren.

Der nächste Abend war ein schöner Abend und ich ging früh hinaus, um ihn zu genießen. Die Sonne war noch nicht ganz untergegangen, als ich den Feldweg nahe der Spitze des tiefen Einschnitts überquerte. Ich würde meinen Spaziergang um eine Stunde verlängern, sagte ich mir, eine halbe Stunde hin und eine halbe Stunde zurück, und dann wäre es Zeit, zu meinem Stellwerksposten zu gehen.

Bevor ich meinen Spaziergang fortsetzte, trat ich an den Rand und blickte mechanisch von dem Punkt nach unten, von dem aus ich ihn zuerst gesehen hatte. Ich kann nicht beschreiben, wie mich das Schaudern erfasste, als ich dicht am Eingang des Tunnels einen Mann sah, der sich mit dem linken Ärmel die Augen verbarg und leidenschaftlich mit dem rechten Arm wedelte.

Der namenlose Schrecken, der mich bedrückte, verging augenblicklich, denn augenblicklich sah ich, dass diese Erscheinung eines Mannes tatsächlich ein Mann war und dass in geringer Entfernung eine kleine Gruppe anderer Männer stand, mit denen er die Geste zu üben schien, die er machte. Das Warnlicht war noch nicht angezündet. An seinem Mast war eine kleine niedrige Hütte aus Holzstützen und Planen errichtet worden, die mir völlig unbekannt war. Sie sah nicht größer aus als ein Bett.

Mit dem unwiderstehlichen Gefühl, dass etwas nicht stimmte – mit einer aufblitzenden Selbstvorwurfsangst, dass verhängnisvolles Unheil dadurch entstanden war, dass ich den Mann dort gelassen hatte und niemand geschickt wurde, um zu übersehen oder zu korrigieren, was er getan hatte – stieg ich mit allen den gekerbten Pfad hinab die Geschwindigkeit, die ich machen konnte.

"Was ist los?" Ich habe die Männer gefragt.

„Der Signalmann wurde heute Morgen getötet, Sir."

„Nicht der Mann, der zu dieser Kiste gehört?"

"Jawohl."

„Nicht der Mann, den ich kenne?"

„Sie werden ihn erkennen , Sir, wenn Sie ihn kennen würden", sagte der Mann, der für die anderen sprach, indem er feierlich seinen eigenen Kopf entblößte und ein Ende der Plane hochhob, „denn sein Gesicht ist ziemlich gefasst."

„Oh! Wie ist das passiert, wie ist das passiert?", fragte ich und wandte mich von einem zum anderen, als sich die Hütte wieder schloss.

„Er wurde von einer Lokomotive überfahren, Sir. Niemand in England kannte seine Arbeit besser. Aber irgendwie war er nicht frei von der äußeren Schiene. Es war gerade heller Tag. Er hatte das Licht angemacht und hielt die Lampe in der Hand. Als die Lokomotive aus dem Tunnel kam, hatte er ihr den Rücken zugewandt, und sie überfuhr ihn. Der Mann fuhr sie und zeigte, wie es passiert war. Zeigen Sie es dem Herrn, Tom."

Der Mann, der ein grobes dunkles Kleid trug, trat an seinen vorherigen Platz am Tunneleingang zurück:

„Als wir um die Kurve im Tunnel kamen, Sir", sagte er, „sah ich ihn am Ende, als ob ich ihn durch ein Perspektivglas sähe. Er hatte keine Zeit, die Geschwindigkeit zu drosseln, und ich wusste, dass er sehr vorsichtig war. Da er anscheinend nicht auf die Pfeife achtete, schaltete ich sie ab, als wir auf ihn zurasten, und rief ihn so laut ich konnte."

"Was hast du gesagt?"

„Ich sagte: Da unten ! Pass auf! Pass auf! Um Gottes Willen, macht den Weg frei!"

Ich begann.

„Ach, es war eine schreckliche Zeit, Sir. Ich hörte nicht auf, ihn anzurufen. Ich hielt den Arm vor meine Augen, um nichts zu sehen, und ich schwenkte den Arm bis zuletzt, aber es war sinnlos."

Ohne die Erzählung so weit auszudehnen, dass ich mich bei einem der merkwürdigen Umstände besonders aufhalte, möchte ich zum Abschluss noch auf den Zufall hinweisen, dass die Warnung des Lokomotivführers nicht nur die Worte umfasste, die der unglückliche Signalmann mir gegenüber wiederholt hatte, als ob sie ihn verfolgten, sondern auch die Worte, die ich – nicht er – und das nur in Gedanken – mit der Geste in Verbindung gebracht hatte, die er nachgeahmt hatte.

NR. 2 NEBENBAHN
DER LOKOWÄCHTER

„Alles in allem? Nun ja. Insgesamt habe ich seit 1841 sieben Männer und Jungen getötet. Das sind nicht viele in all den Jahren."

Diese überraschenden Worte sprach er in ernstem Ton, während er an der Bahnhofsmauer lehnte. Er war ein untersetzter Mann mit rotem Gesicht und kohlschwarzen Augen, deren Weiß nicht weiß, sondern bräunlich-gelb war und offenbar vernarbt und zerfurcht, als ob sie operiert worden wären. Es waren Augen, die hart gearbeitet hatten, um bei Wind und Wetter zu sehen. Er trug eine kurze schwarze Cabanjacke und schmutzige weiße Segeltuchhosen und auf dem Kopf eine flache schwarze Mütze. In seinem Gesicht war kein Anzeichen von Leichtsinn zu erkennen. Sein Blick war ernst, wenn nicht traurig, und sein ganzes Auftreten strahlte Verantwortungsbewusstsein aus, was mir versicherte, dass er es ernst meinte.

„Ja, Sir, ich bin seit fünfundzwanzig Jahren Lokführer; und in dieser ganzen Zeit habe ich nur sieben Männer und Jungen getötet. Es gibt nicht viele meiner Freunde, die so viel von sich sagen können. Standhaftigkeit, mein Herr – Standhaftigkeit und das Offenhalten der Augen sind das, was es bewirkt. Wenn ich sieben Männer und Jungen sage, meine ich meine Kameraden – Heizer, Träger und so weiter. Ich zähle keine Passagiere."

Wie wurde er Lokführer?

„Mein Vater", sagte er, „war ein kleiner Stellmacher und lebte in einem kleinen Häuschen an der Eisenbahnlinie, die zwischen Leeds und Selby verläuft. Es war die zweite Eisenbahnlinie im Königreich, die zweite nach Liverpool und Manchester, wo Mr. Huskisson getötet wurde, wie Sie vielleicht schon gehört haben, Sir. Wenn die Züge vorbeirasten, rannten wir jungen Leute raus, um sie anzusehen , und Hurra. Ich bemerkte, wie der Fahrer die Griffe drehte und die Maschine in Bewegung setzte, und dachte bei mir, es wäre eine schöne Sache, Lokführer zu sein und die Kontrolle über eine so wunderbare Maschine zu haben. Vor der Eisenbahn war der Postkutscher der größte Mann, den ich kannte. Ich dachte, ich würde gerne Busfahrer werden. Wir hatten in unserer Hütte ein Bild von Georg dem Dritten in einem roten Mantel. Den Kutscher der Postkutsche, der ebenfalls einen roten Rock trug, habe ich immer mit dem König verwechselt, nur hatte er einen niedrig gekrönten, breitkrempigen Hut, den der König nicht hatte. Meiner Meinung nach könnte der König kein größerer Mann sein als der Fahrer der Postkutsche. Ich hatte schon immer den Wunsch, eine Art Oberhaupt zu sein. Als ich einmal nach Leeds ging und dort einen Mann sah, der ein Orchester dirigierte, dachte ich, ich würde gerne Dirigent eines Orchesters werden . Als ich nach Hause kam , machte ich mir einen

Taktstock und ging durch die Felder, um ein Orchester zu dirigieren. Es war natürlich nicht da, aber ich tat so, als ob es so wäre. Ein anderes Mal gefiel mir ein Mann mit Peitsche und Sprechtrompete auf der Bühne vor einer Aufführung, und ich dachte, ich würde gerne so sein. Aber als der Zug kam, stellte der Lokführer sie alle in den Schatten, und ich beschloss, Lokführer zu werden . Es dauerte nicht lange, bis ich etwas tun musste, um meinen Lebensunterhalt selbst zu verdienen, obwohl ich noch ein junger Mensch war. Mein Vater starb plötzlich – er wurde durch Blitz und Donner getötet, als er unter einem Baum vor dem Regen stand – und Mutter konnte uns nicht alle behalten. Am Tag nach der Beerdigung meines Vaters ging ich zum Bahnhof und sagte, ich wolle Lokführer werden . Der Bahnhofsvorsteher lachte ein wenig und sagte, ich wäre dafür, früher anzufangen, aber ich sei noch nicht ganz groß genug. Er gab mir einen Penny und sagte mir, ich solle nach Hause gehen und wachsen und in zehn Jahren wiederkommen. Damals habe ich nicht von Gefahr geträumt. Wenn ich kein Lokführer sein konnte , war ich entschlossen, etwas mit einer Lokomotive zu tun ; Da ich also nichts anderes bekommen konnte, ging ich an Bord eines Humber-Dampfers und brach Kohlen für den Heizer auf. So habe ich angefangen. Von da an wurde ich Heizer, zunächst an Bord eines Bootes und dann an Bord einer Lokomotive. Dann, nach zwei Dienstjahren, wurde ich Fahrer auf der Linie, die an unserem Cottage vorbeiführte. Meine Mutter und meine Brüder und Schwestern kamen am ersten Tag meiner Fahrt vorbei, um mich anzusehen. Ich hielt Ausschau nach ihnen, und sie hielten Ausschau nach mir, und sie winkten mit den Händen und jubelten , und ich winkte ihnen zu. Ich hatte ordentlich Dampf und fuhr mit rasselndem Tempo voran, und in diesem Moment war ich unglaublich stolz. Ich war noch nie in meinem Leben so stolz!

„Wenn ein Mann eine Vorliebe für eine Sache hat, ist das so gut wie klug zu sein. In sehr kurzer Zeit wurde ich einer der besten Fahrer auf der Strecke. Das war erlaubt. Ich war stolz darauf, wissen Sie, und mochte es. Nein, ich wusste nicht viel über den Motor, wissenschaftlich, wie Sie es nennen; aber ich konnte ihn reparieren, wenn etwas nicht in Ordnung war – das heißt, wenn nichts kaputt war – aber ich hätte nicht erklären können, wie der Dampf im Inneren funktioniert. Einen Motor zu starten ist wie einen Tropfen Gin zu zapfen. Sie drehen eine Kurbel und er fährt los; dann drehen Sie die Kurbel in die andere Richtung, ziehen die Bremsen an und halten ihn an. Viel mehr steckt bisher nicht dahinter. Es nützt nichts, wissenschaftlich zu sein und das Funktionsprinzip des Motors im Inneren zu kennen; überhaupt nichts. Monteure, die den Motor in- und auswendig kennen, sind die schlechtesten Fahrer. Das ist allgemein bekannt. Sie wissen zu viel. Es ist genau so, wie ich es von einem Mann über *sein* Inneres gehört habe: Wenn er wusste, was für eine komplizierte Maschine das ist, würde er nie essen, trinken, tanzen, rennen oder sonst etwas tun, aus Angst, etwas kaputt zu machen. So ist es auch mit Monteuren. Aber wir, die uns solche Gedanken nicht beunruhigen, machen weiter.

„Aber einen Motor zu starten ist eine Sache und ihn zu fahren eine andere. Jeder, höchstens ein Kind , kann den Dampf ein- und ausschalten; Aber es ist nicht jeder, der einen Motor gut auf der Straße halten kann, genauso wenig wie es nicht jeder ist, der ein Pferd richtig reiten kann. Es ist im Großen und Ganzen das Gleiche. Wenn man ein Pferd ein oder zwei Meilen lang galoppiert, nimmt man ihm den Wind, und für die nächsten ein oder zwei Meilen muss man es traben oder gehen lassen. So ist es auch mit einem Motor. Wenn Sie zu viel Dampf aufsetzen, um zu Beginn über den Boden zu gelangen, entleeren Sie den Kessel und müssen dann weiterkriechen, bis Ihr Frischwasser kocht. Das Tolle am Autofahren ist, dass man ruhig fahren muss und dass der Wasserstand nie zu niedrig wird und das Feuer nie zu niedrig wird. Mit einem Wasserkocher ist es genauso. Füllt man es auf, wenn es etwa zur Hälfte leer ist, kocht es bald wieder; Aber wenn man es nicht auffüllt, bis das Wasser fast aufgebraucht ist, dauert es lange, bis es wieder kocht. Etwas anderes; Sie sollten niemals schnelle Sprünge machen, es sei denn, Sie werden aufgehalten und verlieren Zeit. Steigungen sollten im gleichen Tempo bergauf und bergab bewältigt werden . Manchmal verschwendet ein Fahrer seine Kraft, und wenn er an einen Hügel kommt , reicht es kaum, ihn hinaufzuziehen. Wenn Sie in einem Zug sitzen, der nur unregelmäßig vorbeifährt, können Sie sicher sein, dass es einen schlechten Lokführer gibt. Diese Art des Fahrens macht den Fahrgästen schreckliche Angst. Wenn der Zug nach dem Rattern plötzlich die Geschwindigkeit verlangsamt, wenn er sich nicht in der Nähe eines Bahnhofs befindet, vielleicht mitten in einem Tunnel, denken die Fahrgäste, dass Gefahr droht. Aber im Allgemeinen liegt es daran, dass der Fahrer seine Kräfte erschöpft hat.

„Ich habe den Brighton Express vier oder fünf Jahre vor meiner Ankunft hier gefahren, und die Jahreskarteninhaber – das heißt die Fahrgäste mit Jahreskarte – sagten immer, sie wüssten, wann ich auf der Lokomotive war, weil sie nicht durchgeschüttelt wurden. Die Herren sagten immer, wenn sie auf den Bahnsteig kamen: ‚Wer fährt heute – Jim Martin?‘ Und als der Schaffner ihnen sagte, ja, sagten sie ‚In Ordnung‘ und nahmen ganz bequem ihre Plätze ein. Aber der Fahrer bekommt nie auch nur einen Schilling; der Schaffner kommt für all das rein und tut nicht viel. Nur wenige denken jemals an den Fahrer. Ich vermute, sie glauben, der Zug fahre von selbst; doch wenn wir nicht genau aufpassen, unsere Pflicht kennen und sie erfüllen, könnten sie alle jeden Moment zusammenbrechen. Ich habe die Fahrt nach Brighton immer in 52 Minuten geschafft. In der Zeitung stand 49 Minuten, aber das war ein bisschen zu viel gesagt. Ich musste die ganze Strecke auf Signale achten, eines alle zwei Meilen, so dass mein Heizer und ich die ganze Zeit auf der Strecke waren und zwei Dinge gleichzeitig tun mussten – auf die Lokomotive aufpassen und nach draußen schauen. Ich bin auf dieser Strecke 81 Meilen und drei Viertel in 86 Minuten gefahren. Die Geschwindigkeit ist ungefährlich, wenn man eine gute Straße, eine gute Lokomotive und nicht zu viele Waggons hinter sich hat. Nein, wir nennen sie nicht Waggons, wir nennen sie „Waggons".

"Ja; Schwingung bedeutet Gefahr. Wenn Sie jemals in einem Wagen sitzen, der stark schwankt, sagen Sie es an der ersten Station und koppeln Sie ihn näher an. Wenn Waggons zu locker sind, neigen sie dazu, zu springen oder von den Schienen zu schwingen. und es ist genauso gefährlich, wenn sie zu nah aneinander gekoppelt sind. Es sollte gerade genug Platz vorhanden sein, damit die Puffer problemlos arbeiten können. Passagiere haben in Tunneln Angst, aber die Gefahr ist in Tunneln *jetzt geringer* als anderswo. Wir betreten niemals einen Tunnel, es sei denn, er ist frei .

„Ein Zug kann auch im Schnellzug wunderbar schnell angehalten werden, wenn die Wachen mit dem Lokführer zusammenarbeiten und alle Bremsen rechtzeitig betätigen. Viel hängt von den Wachen ab. Eine Bremse hinten ist so gut wie zwei vorne. Sie sehen, die Lokomotive verliert an Gewicht, während sie ihre Kohlen verbrennt und ihr Wasser verbraucht, aber die Waggons dahinter ändern sich nicht. Wir haben große Probleme mit jungen Wachen. In ihrem Bemühen, ihre Pflichten zu erfüllen, treten sie zu früh auf die Bremse, so dass wir den Zug manchmal kaum noch in den Bahnhof schleppen können; Wenn sie älter werden , sind sie nicht mehr so ängstlich und ziehen sie nicht früh genug an. Es hat keinen Sinn, bei einem Unfall zu sagen, dass man nicht rechtzeitig auf die Bremse getreten ist; Sie schwören, dass sie es getan haben, und Sie können nicht beweisen, dass sie es nicht getan haben.

„Denke ich, dass das Klopfen mit einem Hammer auf die Räder eine reine Zeremonie ist? Nun, ich weiß es nicht genau; ich möchte es nicht sagen. Es kommt nicht oft vor, dass die Jungs etwas falsch finden. Manchmal sind sie halb eingeschlafen, wenn mitten in der Nacht ein Zug in einen Bahnhof einfährt. Sie wären Sie selbst. Sie sollten auf das Achslager klopfen, aber sie tun es nicht.

„Es passieren viele Unfälle, die nie in die Zeitung kommen; Wie durch ein Wunder entgehen viele Züge voller Passagiere der Zerstörung durch einen Nachbarn. Niemand außer dem Fahrer und dem Heizer weiß etwas darüber. Ich erinnere mich an eine Zeit, als ich durch die Eastern Counties fuhr. Als ich um eine Kurve fuhr, sah ich plötzlich einen Zug auf derselben Gleislinie vorbeifahren. Ich trat auf die Bremse, aber es war zu spät, dachte ich. Als ich sah, dass der Motor fast auf uns zukam, rief ich meinem Heizer zu, er solle springen. Er sprang vom Motor, fast bevor ich die Worte aussprach. Ich wollte gerade meine Hand vom Hebel nehmen, um zu folgen, als der herannahende Zug auf den Weichen abbog und im nächsten Moment die hintere Kutsche knapp an meiner Lokomotive vorbeizog. Es war die nächste Berührung, die ich je gesehen habe. Mein Heizer wurde getötet. In einer weiteren halben Sekunde hätte ich abspringen und ebenfalls getötet werden sollen. Was ohne uns aus dem Zug geworden wäre, kann ich Ihnen nicht sagen.

„Es werden haufenweise Menschen überfahren, von denen niemand etwas hört. In einer dunklen Nacht im Black Country spürten ich und mein Kumpel, wie uns etwas Nasses und Warmes ins Gesicht spritzte. „Das kam nicht vom Motor, Bill", sagte ich. „Nein", sagte er; „Es ist etwas Dickes, Jim." Es war Blut. Das war es. Später erfuhren wir, dass ein Bergmann überfahren worden sei. Wenn wir einen unserer eigenen Kerle töten, sagen wir so wenig wie möglich darüber. Es ist im Allgemeinen – meistens immer – die eigene Schuld. Nein, wir selbst denken nie an Gefahr. Wir sind daran gewöhnt, verstehen Sie? Aber wir sind nicht leichtsinnig. Ich glaube nicht, dass es jemanden gibt, der stolzer auf seine Arbeit ist als Lokführer. Wir sind so stolz und lieben unsere Motoren, als wären sie Lebewesen; so stolz auf sie wie ein Jäger oder ein Jockey auf sein Pferd. Und ein Motor hat fast so viele Möglichkeiten wie ein Pferd; Sie ist auf ihre Art ein Kicker, ein Plunger, ein Brüller oder was auch immer. Setzen Sie einen Fremden an meinen Motor, und er weiß nicht, was er mit ihr machen soll. Ja; Es gibt wunderbare Verbesserungen bei den Motoren seit der letzten großen Ausstellung. Einige von ihnen nehmen ihr Wasser ohne Unterbrechung auf. Das ist eine wunderbare Erfindung und doch so einfach wie AB C. Zwischen den Schienen liegen an bestimmten Stellen Wassertröge. Indem man einen Hebel bewegt, lässt man die Mündung einer Schaufel ins Wasser, und während man entlangrauscht, wird das Wasser mit einer Geschwindigkeit von 3.000 Gallonen pro Minute in den Tank gedrückt.

„ Die größte Sorge eines Lokomotivführers ist es, die Zeit einzuhalten; daran denkt er am meisten. Als ich den Brighton Express fuhr, hatte ich immer das Gefühl, ein Wettrennen gegen die Zeit zu fahren. Ich hatte keine Angst vor dem Tempo; was ich befürchtete, war, die Fahrt zu verlieren und nicht auf die Minute zu kommen. Wir müssen bei unserer Ankunft unsere Zeit angeben. Die Gesellschaft stellt uns Uhren zur Verfügung, und wir halten uns daran. Bevor wir eine Reise antreten, gehen wir durch einen Raum, um untersucht zu werden. So wird überprüft, ob wir nüchtern sind. Aber sie sagen uns nichts, und ein Mann, der ein wenig benommen war, könnte leicht durchkommen. Ich kannte einen Heizer, der die Untersuchung bestanden hatte, betrunken wie eine Fliege zur Lokomotive kam, sich zwischen die Kohlen fallen ließ und dort während der gesamten Fahrt wie ein Murmeltier schlief. Ich musste damals mein eigener Heizer sein. Wenn Sie mich fragen, ob Lokomotivführer trinkende Männer sind, muss ich Ihnen antworten, dass es ihnen ziemlich gut geht. Es ist eine anstrengende Arbeit; die eine Hälfte von Ihnen ist kalt wie Eis, die andere Hälfte heiß wie Feuer; In der einen Minute nass, in der nächsten trocken. Wenn es je einen Grund zum Trinken gab, dann war es ein Lokomotivführer. Und doch weiß ich nicht, ob jemals ein Lokführer betrunken auf seine Lokomotive gestiegen ist. Wenn er es täte, würde ihn der Wind bald nüchtern machen.

„Ich glaube, dass Lokführer als Ganzes die gesündesten Menschen auf der Welt sind; aber sie leben nicht lange. Ich glaube, dass die Ursache dafür das kalte Essen und das Zittern ist. Mit dem kalten Essen meine ich, dass ein Lokführer seine Mahlzeiten nie angenehm bekommt. Zum Abendessen ist er nie zu Hause. Wenn er morgens als Erstes aufbricht, nimmt er zum Abendessen etwas Aufschnitt und ein Stück Brot mit; und im Allgemeinen muss er es im Schuppen essen, denn er darf seinen Motor nicht verlassen. Sie können verstehen, wie das Erschüttern und Zittern einen Mann nach einer Weile umwirft. Die Versicherungsgesellschaften akzeptieren uns nicht zu den regulären Tarifen. Wir sind verpflichtet, Förster oder alte Freunde oder so etwas zu sein, wo sie nicht so wählerisch sind. Der Lohn eines Lokführers beträgt durchschnittlich etwa acht Schilling pro Tag, aber wenn er gut mit seinen Kohlen umgeht – ja, ich meine, wenn er mit seinen Kohlen sparsam umgeht – darf er noch viel mehr verdienen. Manche verdienen auf diese Weise fünf bis zehn Schilling pro Woche. Ich beschwere mich nicht besonders über die Löhne; Aber es ist hart für uns, Einkommenssteuer zahlen zu müssen. Die Firma legt alle unsere Löhne ab, und wir müssen sie bezahlen. Es ist eine Schande.

„Unser häusliches Leben – unser Leben zu Hause, meinst du? Nun ja, wir sehen nicht viel von unseren Familien. Ich gehe morgens um halb sieben von zu Hause weg und komme erst um halb zehn, vielleicht auch später, wieder zurück. Die Kinder sind nicht wach, wenn ich gehe, und sie sind schon wieder zu Bett gegangen, bevor ich nach Hause komme. Hier geht es um meinen Tag: – Verlassen Sie London um 8.45 Uhr; viereinhalb Stunden fahren; kalter Snack auf der Motorstufe; für den Motor sorgen; wieder zurückfahren; sauberer Motor; mich melden; und Zuhause. Zwölf Stunden harte und ängstliche Arbeit und keine bequemen Lebensmittel. Ja, unsere Frauen machen sich Sorgen um uns; Denn wir wissen nie, wann wir ausgehen und ob wir jemals wieder zurückkommen. Sobald wir den Bahnhof verlassen, sollten wir nach Hause gehen und uns denen melden, die an uns denken und auf uns angewiesen sind; aber ich fürchte, das tun wir nicht immer. Vielleicht gehen wir zuerst ins Wirtshaus, und vielleicht würden Sie das auch tun, wenn Sie den ganzen Tag für eine Lokomotive zuständig wären. Aber die Frauen haben ihre eigene Art herauszufinden, ob es uns gut geht. Sie erkundigen sich untereinander. „Hast du meinen Jim gesehen?“ man sagt. „Nein“, sagt ein anderer, „aber Jack hat gesehen , wie er vor einer halben Stunde aus dem Bahnhof kam." Dann weiß sie, dass es ihrem Jim gut geht und sie weiß, wo sie ihn finden kann, wenn sie ihn will. Es ist traurig, wenn einer von uns der Frau eines Partners schlechte Nachrichten überbringen muss. Keiner von uns mag diesen Job. Ich erinnere mich, als Jack Davidge getötet wurde, konnte keiner von uns seiner armen Frau die Nachricht überbringen. Sie hatte sieben Kinder, das arme Ding, und zwei von ihnen , das jüngste, hatten Fieber. Wir haben die alte Mrs. Berridge – Tom Berridges Mutter – dazu gebracht, es ihr beizubringen. Aber sie wusste sofort , dass es so weit war, als die alte Frau hineinging und, bevor sie ein Wort sagte, zu Boden fiel, als wäre sie tot. Sie lag die ganze Nacht so da und hörte erst am nächsten Morgen von sterblichen Lippen, dass ihr Jack getötet wurde. Aber sie wusste es in ihrem Herzen. Es ist eine Art Pitch-and-Toss-Leben für uns!

„Und doch war ich nur einmal nervös auf einer Lokomotive. Ich denke nie an mein eigenes Leben. Wenn man anfängt, das zu riskieren, gewöhnt man sich an das Risiko. Ich denke auch nie an die Passagiere. Die Gedanken eines Lokomotivführers gehen nie hinter seine Lokomotive. Wenn er seine Lokomotive in Ordnung hält, sind die Waggons dahinter in Ordnung, soweit es den Lokführer betrifft. Aber einmal *dachte ich* an die Passagiere. Mein kleiner Junge, Bill, war an diesem Morgen unter ihnen. Er war ein armer kleiner Krüppel, den wir alle mehr liebten als die anderen, weil er ein Krüppel *war* und so ruhig und weise. Er fuhr zu seiner Tante aufs Land, die sich eine Zeit lang um ihn kümmern sollte. Wir dachten, die Landluft würde ihm gut tun. Ich dachte an diesem Morgen, dass Leben hinter mir lagen; zumindest dachte ich ernsthaft an ein kleines Leben, das in meinen Händen lag. Es waren zwanzig Waggons unterwegs; mein kleiner Bill schien mir in jedem von ihnen zu sein . Meine Hand zitterte, als ich den Dampf einschaltete. Ich fühlte, wie mein Herz klopfte, als wir uns dem Weichenwärterhäuschen näherten ; als wir uns der Kreuzung näherten, war ich ganz in kaltem Schweiß gefangen. Am Ende der ersten fünfzig Meilen war ich fast elf Minuten hinter der Zeit. „Was ist heute Morgen mit dir los?", fragte mein Heizer. „Hast du letzte Nacht einen Tropfen zu viel getrunken?" „Sprich nicht mit mir, Fred", sagte ich, „bis wir in Peterborough sind; und pass gut auf, du bist ein guter Kerl." Ich war in meinem Leben noch nie so dankbar wie damals, als ich die Dampfmaschine abstellte, um in den Bahnhof von Peterborough einzufahren. Little Bills Tante wartete auf ihn, und ich sah, wie sie ihn aus dem Waggon hob. Ich rief ihr zu, sie solle ihn zu mir bringen, und ich nahm ihn auf die Lokomotive und küsste ihn – ach, zwanzig Mal, glaube ich – und machte ihn mit Fett und Kohlenstaub so schmutzig, wie man es noch nie gesehen hat.

„Für den Rest der Reise ging es mir gut. Und ich glaube, Sir, die Passagiere waren sicherer, nachdem der kleine Bill weg war. Wissen Sie, es würde niemals genügen, wenn Lokführer zu viel wüssten oder zu viel fühlten."

Nr. 3 Zweiglinie
Das Kompensationshaus

„Im ganzen Haus gibt es keinen Spiegel, Sir. Das ist eine seltsame Fantasie meines Herrn. Es gibt kein einziges Zimmer im Haus."

Es war ein dunkles und düster aussehendes Gebäude und wurde von dieser Firma für eine Erweiterung ihrer Warenstation gekauft. Der Wert des Hauses wurde einer sogenannten „Entschädigungsjury" vorgelegt, und das Haus wurde infolgedessen „The Compensation House" genannt. Es war Eigentum des Unternehmens geworden; Der Mieter blieb jedoch bis zur Aufnahme der aktiven Bauarbeiten im Besitz. Meine Aufmerksamkeit wurde ursprünglich auf dieses Haus gelenkt, weil es direkt vor einer Ansammlung riesiger Holzstücke stand, die in der Nähe dieses Teils der Linie lagen und auf denen ich manchmal eine halbe Stunde saß, wenn ich müde war meine Streifzüge durch Mugby Junction.

Es war quadratisch, kalt und grau, aus grob behauenem Stein gebaut und mit dünnen Platten aus demselben Material überdacht. Es hatte nur wenige Fenster und diese waren für die Größe des Gebäudes sehr klein. In der großen, leeren, grauen Breitseite gab es nur vier Fenster. Die Eingangstür befand sich in der Mitte des Hauses; auf jeder Seite befand sich ein Fenster und im einstöckigen Stockwerk darüber gab es noch zwei weitere. Die Jalousien waren alle heruntergelassen, und wenn die Tür geschlossen war, gab das trostlose Gebäude kein Anzeichen von Leben oder Bewohntheit von sich.

Aber die Tür war nicht immer geschlossen. Manchmal wurde es von innen mit einem lauten Klirren von Riegeln und Türketten geöffnet, und dann trat ein Mann vor, stellte sich auf die Türschwelle und schnüffelte die Luft, wie man es auch tun würde, der normalerweise nur ein kleines Taschengeld bekam dieses Element. Er war kräftig, stämmig und vielleicht fünfzig oder sechzig Jahre alt – ein Mann, dessen Haar äußerst kurz geschnitten war, der einen großen, buschigen Bart trug und in dessen Augen ein geselliges Funkeln lag, das bezaubernd war. Wann immer ich ihn sah, trug er einen grünbraunen Gehrock aus einem Material, das kein Stoff war, trug eine Weste und Hosen in heller Farbe und hatte eine Rüsche an seinem Hemd – übrigens eine Verzierung. Das schien überhaupt nicht gut zu dem Bart zu passen, der ständig damit in Kontakt war. Es war die Gewohnheit dieser würdigen Person, nachdem sie eine kurze Zeit auf der Schwelle gestanden und die Luft eingeatmet hatte, auf die Straße zu treten und nach einem halbmechanischen Blick auf eines der oberen Fenster auf die Straße zu gehen Baumstämme und beugte sich über den Zaun, der die Eisenbahn schützte, und schaute mit der Miene eines Mannes, der eine selbst auferlegte Aufgabe erfüllt, von der nichts erwartet wurde, die Linie (sie verlief vor dem Haus) auf und ab. Nachdem er dies getan hatte, überquerte er erneut die Straße, drehte sich auf der Schwelle um, um ein letztes Mal Luft zu schnappen, und verschwand erneut im Haus, verriegelte und fesselte die Tür erneut, als bestünde keine Chance, dass sie für mindestens einen Monat wieder geöffnet würde Woche. Doch noch keine halbe Stunde war vergangen, als er wieder auf der Straße war, die Luft schnüffelte und wie zuvor die Linie hinauf und hinunter blickte.

Es dauerte nicht lange, bis ich die Bekanntschaft dieser ruhelosen Person knüpfen konnte. Ich fand bald heraus, dass mein Freund mit der Hemdkrause der treue Diener, Butler, Kammerdiener, Faktotum usw. eines kranken Herrn war, eines Mr. Oswald Strange, der vor kurzem in das gegenüberliegende Haus gezogen war und über dessen Geschichte mein neuer Bekannter, dessen Name, wie ich herausfand, Masey war, einigermaßen mitteilsam zu sein schien. Sein Herr, so schien es, war teilweise hierhergekommen, um seinen Haushalt zu verkleinern – nicht, wie Mr. Masey mir schnell mitteilte, aus wirtschaftlichen Gründen, sondern weil der arme Herr aus besonderen Gründen möglichst wenige Angehörige um sich haben wollte –, teilweise, um in der Nähe seines alten Freundes, Dr. Garden, zu sein, der in der Nachbarschaft ansässig war und dessen Gesellschaft und Rat für Mr. Stranges Leben notwendig waren. Dieses Leben, so schien es, führte dieser leidende Herr auf unsicherem Fuß. Es schwand mit jeder Stunde, die verging, rasch dahin. Der Diener sprach bereits in der Vergangenheitsform von seinem Herrn und beschrieb ihn mir als einen jungen Herrn, der nicht älter als fünfunddreißig Jahre war, mit einem jungen Gesicht, was die Züge und den Körperbau anging, aber mit einem Ausdruck, der nichts Jugendliches an sich hatte. Das war die große Eigenart des Mannes. Aus der Ferne sah er um viele Jahre jünger aus, als er war, und Fremde hielten ihn zu der Zeit, als er noch herumgekommen war, immer für einen Mann von sieben oder achtundzwanzig, aber sie änderten ihre Meinung, wenn sie näher kamen. Der alte Masey hatte seine eigene Art, die Eigenheiten seines Herrn zusammenzufassen, indem er zwanzigmal wiederholte: „Sir, er war ein merkwürdiger Name und ein merkwürdiger Mensch und noch dazu ein merkwürdiger Anblick.“

Es war während meines zweiten oder dritten Gesprächs mit dem alten Mann, als er die Worte aussprach, die zu Beginn dieser einfachen Erzählung zitiert wurden.

„So etwas wie einen Spiegel gibt es im ganzen Haus nicht“, sagte der alte Mann, der neben meinem Stück Holz stand und nachdenklich zum Haus gegenüber blickte. "Nicht eins."

„In den Wohnzimmern, meinst du wohl?“

„Nein, Sir, ich meine sowohl Wohn- als auch Schlafzimmer; Es gibt nirgendwo ein Rasierglas, das so groß ist wie die Handfläche Ihrer Hand."

„Aber wie ist es?" Ich fragte. „Warum gibt es in keinem der Zimmer Spiegel?"

„Ah, Herr!" antwortete Masey, „das kann keiner von uns jemals sagen." Da ist das Geheimnis. Es ist nur eine Einbildung meines Meisters. Er hatte einige seltsame Fantasien und dies war eine davon. Ein angenehmer Herr, mit dem man zusammenleben konnte, wie es sich jeder Diener nur wünschen kann. Ein liberaler Herr, der sich kaum Mühe gab; immer mit einem freundlichen Wort und auch einer freundlichen Tat bereit. In der gesamten Pfarrei von St. George (in der wir lebten, bevor wir hierher kamen) gab es kein Haus, in dem die Bediensteten mehr Feiertage hatten oder einen besser gedeckten Tisch hatten; aber trotz alledem hatte er seine seltsamen Manieren und seine Fantasien, wie ich sie nennen möchte, und dies war einer davon. Und was er daraus gemacht hat, Sir", fuhr der alte Mann fort; „das Ausmaß, in dem diese Regelung durchgesetzt wurde, wann immer ein neuer Bediensteter eingestellt wurde; und die damit einhergehenden Veränderungen im Establishment. Bei der Einstellung eines neuen Dieners war die erste Bedingung, die gemacht wurde, die Frage nach dem Spiegel. Es war eine meiner Pflichten, die Sache so weit wie möglich zu erklären, bevor irgendein Diener ins Haus gebracht wurde. „Sie werden feststellen, dass es ein einfacher Ort ist", pflegte ich zu sagen, „mit einem großzügigen Tisch, gutem Lohn und viel Freizeit; Aber es gibt eine Sache, für die Sie sich entscheiden müssen; Sie müssen während Ihres Aufenthalts auf einen Spiegel verzichten, denn im Haus gibt es keinen und wird es auch nie geben.""

„Aber woher wussten Sie, dass es nie einen geben würde?" Ich fragte.

„Gott segne Sie, Sir! Wenn Sie alles gesehen und gehört hätten, was ich gesehen und gehört habe, könnten Sie keinen Zweifel daran haben. Um nur ein Beispiel zu nennen: Ich erinnere mich an einen bestimmten Tag, als mein Herr Gelegenheit hatte, in das Zimmer der Haushälterin zu gehen, wo die Köchin lebte, um sich einige Umbauten anzusehen, die dort vorgenommen wurden, und als sich eine nette Szene abspielte. Die Köchin – sie war eine sehr hässliche Frau und furchtbar eitel – hatte ein kleines Stück Spiegel, etwa sechs Zoll im Quadrat, auf dem Kaminsims liegen gelassen; sie hatte es *heimlich an sich genommen* und immer unter Verschluss gehalten; aber sie hatte es draußen liegen lassen, als sie plötzlich weggerufen wurde, während sie ihr Haar zurechtmachte. Ich hatte das Glas gesehen und eilte so schnell ich konnte zum Kaminsims; aber mein Herr kam davor, bevor ich dort ankommen konnte, und im Nu war alles vorbei. Er warf einen langen, durchdringenden Blick hinein, wurde totenbleich, ergriff das Glas, zerschmetterte es in hundert Stücke auf dem Boden, stampfte dann auf die

Scherben und zermahlte sie mit seinen Füßen zu Staub. Er schloss sich für den Rest des Tages in seinem Zimmer ein und befahl mir zunächst, den Koch sofort und auf der Stelle zu entlassen."

„Was für eine außergewöhnliche Sache!" Sagte ich nachdenklich.

„Ah, Sir", fuhr der alte Mann fort, „es war erstaunlich, welche Schwierigkeiten ich mit diesen Dienerinnen hatte. Unter den gegebenen Umständen war es schwierig, jemanden zu finden, der diesen Platz überhaupt einnehmen würde. „Was ist nicht so viel wie ein Mossul, an dem man Luft machen kann?" würden sie sagen, und sie würden gehen, trotz des zusätzlichen Lohns. Dann würden diejenigen, die sich bereit erklärten zu kommen, welche Lügen sie natürlich erzählen! Sie würden protestieren, dass sie nicht in den Spiegel schauen wollten, dass sie nie die Angewohnheit gehabt hätten, in den Spiegel zu schauen, und die ganze Zeit über hatte genau diese Frau ihren Spiegel auf die eine oder andere Weise versteckt zwischen ihren Kleidern oben. Früher oder später würde auch sie es herausholen und es irgendwo liegen lassen (genau wie die Köchin), wo es höchstwahrscheinlich oder unwahrscheinlich war, dass der Meister es sehen würde. Und dann – denn Mädchen wie diese haben kein Gewissen, Sir – wenn ich eine von ihnen dabei erwischt hatte , drehte sie sich frech wie Messing um: „Und woher soll ich wissen, ob meine Luft gerade ist?" Sie würde sagen, als ob bei ihrem Lohn nicht berücksichtigt worden wäre, dass sie genau das nie erfahren *sollte* , solange sie in unserem Haus lebte. Eine eitle Menge, mein Herr, und die Hässlichen sind immer die Eitelsten. Ihre Ausweichmanöver hatten kein Ende. Sie hatten Spiegel im Inneren ihrer Arbeitskastendeckel, wo es nahezu unmöglich war, sie zu finden , oder in den Umschlägen von Gesangs- oder Kochbüchern oder in ihren Dosen. Ich erinnere mich an ein Mädchen, ein schlaues Mädchen, das an Pocken erkrankt war und immer zu ungewöhnlichen Zeiten in ihrem Gebetbuch las. Manchmal dachte ich, was für einen religiösen Geist sie hatte, und manchmal (abhängig von der Stimmung, in der ich war) kam ich zu dem Schluss, dass es der Traugottesdienst war, den sie studierte; Aber eines Tages, als ich mich hinter sie stellte, um meine Zweifel zu zerstreuen – und siehe da! Es war die alte Geschichte: ein Stück Glas ohne Rahmen, das mit den Außenkanten der Briefmarkenbögen im Kiver befestigt wurde. Weicht aus! Warum sie ihre Spiegel in der Spülküche oder im Kohlenkeller aufbewahren oder sie den Dienstboten nebenan oder der Milchfrau um die Ecke überlassen würden; aber sie würden sie haben . Und es macht mir nichts aus, zu gestehen, Sir", sagte der alte Mann und beendete seine lange Rede, „dass es eine Unannehmlichkeit *war* , vorher nicht einmal einen Fetzen zum Rasieren zu haben." Zuerst ging ich zum Friseur, aber bald gab ich das auf und fing an, meinen Bart zu tragen, wie mein Herr es tat; ebenso, um meine Haare zu behalten" – Mr. Masey berührte seinen Kopf, während er sprach – „ so kurz, dass es keinen Scheitel erforderte, weder davor noch hinten."

Ich saß eine Zeit lang da, war völlig verwundert und starrte meinen Begleiter an. Meine Neugier war stark geweckt und der Wunsch, mehr zu erfahren, war in mir sehr stark.

„Hatte Ihr Herr irgendeinen persönlichen Defekt", fragte ich, „der es für ihn bedrückend gemacht haben könnte, sein eigenes Spiegelbild zu sehen?"

„Keineswegs, Sir", sagte der alte Mann. „Er war ein so gutaussehender Herr, wie man ihn sich nur wünschen kann: vielleicht ein wenig zart und abgehärmt, mit einem sehr blassen Gesicht, aber so frei von jeder Missbildung wie Sie oder ich, Sir. Nein, Sir, nein; nichts dergleichen."

„Was war es dann? Was ist es?", fragte ich verzweifelt. „Gibt es niemanden, der das Vertrauen Ihres Herrn genießt oder genießt?"

„Ja, Sir", sagte der alte Mann und richtete den Blick auf das gegenüberliegende Fenster. „Es gibt eine Person, die alle Geheimnisse meines Herrn kennt, und dieses Geheimnis ist eines der übrigen."

"Und wer ist das?"

Der alte Mann drehte sich um und sah mich starr an. „Hier ist der Doktor", sagte er. „Dr. Garden. Ein sehr alter Freund meines Herrn."

„Ich möchte mit diesem Herrn sprechen", sagte ich unwillkürlich.

„Er ist jetzt bei meinem Herrn", antwortete Masey. „Er wird gleich herauskommen, und ich glaube, ich kann sagen, dass er jede Frage beantworten wird, die Sie ihm stellen möchten." Während der alte Mann sprach, öffnete sich die Haustür, und ein Herr mittleren Alters, der groß und dünn war, aber durch seine Gewohnheit, sich zu bücken, etwas von seiner Größe eingebüßt hatte, erschien auf der Treppe. Der alte Masey verließ mich sofort. Er murmelte etwas davon, die Anweisungen des Arztes zu befolgen, und eilte über die Straße. Der große Herr sprach ein oder zwei Minuten lang sehr ernst mit ihm, wahrscheinlich über den Patienten oben, und dann schien es mir aufgrund ihrer Gesten, dass ich selbst Gegenstand eines weiteren Gesprächs zwischen ihnen war. Als der alte Masey sich ins Haus zurückzog, kam der Arzt jedenfalls zu mir herüber und sprach mich mit einem sehr freundlichen Lächeln an.

„John Masey hat mir erzählt, dass Sie sich für den Fall meines armen Freundes interessieren, Sir. Ich gehe jetzt nach Hause, und wenn es Ihnen nichts ausmacht, mich zu begleiten, werde ich Sie gern so weit aufklären, wie ich kann."

Ich beeilte mich, mich zu entschuldigen und meine Anerkennung auszudrücken, und wir machten uns gemeinsam auf den Weg. Als wir das Haus des Arztes erreicht hatten und in seinem Arbeitszimmer saßen, wagte ich es, mich nach dem Befinden dieses armen Herrn zu erkundigen.

„Ich fürchte, es gibt keine Besserung und auch keine Aussicht auf Besserung", sagte der Arzt. „Der alte Masey hat Ihnen etwas über seinen seltsamen Zustand erzählt, nicht wahr?"

„Ja, er hat mir etwas erzählt", antwortete ich, „und er sagt, Sie wissen alles darüber."

Dr. Garden sah sehr ernst aus. „Ich weiß nicht alles darüber. Ich weiß nur, was passiert, wenn er in die Gegenwart eines Spiegels kommt. Aber über die Umstände, die dazu geführt haben, dass er auf die seltsamste Art und Weise heimgesucht wurde, von der ich je gehört habe , weiß ich genauso wenig wie Sie."

„Geistert?" Ich wiederholte. „Und auf die seltsamste Art und Weise, von der Sie jemals gehört haben?"

Dr. Garden lächelte über meinen Eifer, schien seine Gedanken zu sammeln und fuhr dann fort:

„Ich habe Herrn Oswald Strange auf seltsame Weise kennengelernt. Es befand sich an Bord eines italienischen Dampfers, der von Civita Vecchia nach Marseille fuhr. Wir waren die ganze Nacht unterwegs gewesen. Am Morgen rasierte ich mich gerade in der Hütte, als plötzlich dieser Mann hinter mich kam, einen Moment in den kleinen Spiegel blickte, vor dem ich stand, und dann, ohne ein Wort der Vorwarnung, ihn vom Nagel riss und rannte es zu meinen Füßen in Stücke gerissen. Sein Gesicht war zunächst voller Leidenschaft – es schien mir eher die Leidenschaft der Angst als der Wut zu sein – aber nach einem Moment änderte sich das, und er schien sich für das zu schämen, was er getan hatte. Nun ja", fuhr der Arzt fort und lächelte für einen Moment, „natürlich war ich wahnsinnig wütend. Ich habe mich am Unterkiefer operieren lassen, und als das Ding mich erschreckte, zog ich mir eine Schnittwunde zu. Außerdem kam es mir insgesamt wie eine Unverschämtheit und Unverschämtheit vor, und ich habe es dem armen Strange in einer Ausdrucksweise erzählt, an die ich jetzt leider nicht mehr denken muss, die aber damals, wie ich hoffe, entschuldbar war. Was den Täter selbst betrifft, so entwaffneten mich seine Verwirrung und sein Bedauern, nachdem seine Leidenschaft nun ein Ende gefunden hatte. Er ließ den Steward rufen und zahlte großzügig für den Schaden, der am Eigentum des Dampfschiffes entstanden war, wobei er ihm und einigen anderen Passagieren, die in der Kabine anwesend waren, erklärte, dass das, was passiert sei, zufällig gewesen sei. Für mich hatte er jedoch eine andere

Erklärung. Vielleicht hatte er das Gefühl, ich müsse es wissen, um kein Zufall gewesen zu sein – vielleicht wollte er sich wirklich jemandem anvertrauen . Auf jeden Fall gestand er mir gegenüber, dass das, was er getan hatte, unter dem Einfluss eines unkontrollierbaren Impulses geschah – eines Anfalls, der ihn, wie er sagte, zeitweise so etwas wie einen Anfall verursachte. Er bat mich um Verzeihung und bat mich, mich zu bemühen, ihn persönlich von dieser Aktion zu distanzieren, für die er sich zutiefst schämte. Dann versuchte er, armer Kerl, einen üblen Witz darüber zu machen, dass er einen Bart trug und sich deshalb ein wenig boshaft fühlte, wenn er sah, wie andere Leute sich die Mühe machten, sich zu rasieren; aber er sagte nichts über irgendwelche Gebrechen oder Wahnvorstellungen und verließ mich kurz darauf.

„In meiner beruflichen Eigenschaft konnte ich nicht umhin, ein gewisses Interesse an Mr. Strange zu entwickeln. Auch nach dem Ende unserer Seereise nach Marseille verlor ich ihn nicht ganz aus den Augen. Ich empfand ihn bis zu einem gewissen Grad als angenehmen Begleiter; aber ich hatte immer das Gefühl, dass er eine Zurückhaltung an sich hatte. Über sein früheres Leben äußerte er sich zurückhaltend und erwähnte vor allem nichts, was mit seinen Reisen oder seinem Aufenthalt in Italien zu tun hatte, von dem ich jedoch erkennen konnte, dass er lange gedauert hatte. Er sprach gut Italienisch und schien mit dem Land vertraut zu sein, sprach aber nicht gern darüber.

„Während der Zeit, die wir zusammen verbrachten, gab es Phasen, in denen er selbst so klein war, dass ich, mit einer ziemlich großen Erfahrung, fast Angst hatte, mit ihm zusammen zu sein. Seine Anfälle waren im letzten Grad heftig und plötzlich; Und mit ihnen allen war ein ganz außergewöhnliches Merkmal verbunden : Jedes Mal, wenn er sich vor einem Spiegel befand, ergriff ihn eine schreckliche Gedankenassoziation. Und nachdem wir eine Zeit lang zusammen gereist waren, fürchtete ich den Anblick eines Spiegels, der harmlos an der Wand hing, oder eines Toilettenglases, das auf einem Toilettentisch stand, fast genauso sehr wie er.

„Der arme Strange wurde nicht immer auf die gleiche Weise von einem Spiegel beeinflusst. Manchmal schien er ihn vor Wut zu rasen; zu anderen Zeiten schien er ihn in Stein zu verwandeln: er blieb regungslos und sprachlos, als ob er von Katalepsie befallen wäre. Eines Nachts – die schlimmsten Dinge passieren immer nachts und häufiger, als man in stürmischen Nächten denken würde – erreichten wir eine kleine Stadt im Zentrum der Auvergne: einen wenig bekannten Ort abseits der Eisenbahnlinie, zu dem wir teils wegen der antiquarischen Attraktionen, die der Ort besaß, und teils wegen der Schönheit der Landschaft hingezogen worden waren. Das Wetter war eher gegen uns gewesen. Der Tag war trüb und finster, die Hitze erstickend und der Himmel hatte seit dem Morgen Unheil angedroht. Bei Sonnenuntergang erfüllten sich diese Drohungen. Das

Gewitter, das sich den ganzen Tag angebahnt hatte – wie es uns schien, gegen den Wind – brach mit sehr großer Gewalt über dem Ort aus, an dem wir untergebracht waren.

„Es gibt einige praktisch veranlagte Menschen mit starker Konstitution, die rundheraus bestreiten, dass ihre Mitgeschöpfe geistig oder körperlich von atmosphärischen Einflüssen beeinflusst werden oder werden können. Ich bin kein Anhänger dieser Schule, einfach weil ich nicht glauben kann, dass diese Wetterwechsel, die so große Auswirkungen auf Tiere und sogar auf unbelebte Gegenstände haben, keinen Einfluss auf eine so empfindliche und komplizierte Maschinerie wie den menschlichen Körper haben können. Ich glaube also, dass es zum Teil an der gestörten Atmosphäre lag, dass ich mich an diesem Abend nervös und deprimiert fühlte. Als mein neuer Freund Strange und ich uns für die Nacht trennten, war ich so wenig geneigt, mich zur Ruhe zu begeben wie noch nie in meinem Leben. Der Donner verweilte noch immer zwischen den Bergen, in deren Mitte sich unser Gasthof befand. Manchmal schien er näher und manchmal weiter weg; aber er hörte nie ganz auf, außer für ein paar Minuten. Ich war völlig unfähig, eine Reihe schmerzhafter Gedanken abzuschütteln, die meinen Geist beharrlich belagerten.

„Es ist kaum nötig zu erwähnen, dass ich von Zeit zu Zeit an meinen Reisegefährten im Nebenzimmer dachte. Sein Bild war fast ständig vor meinen Augen. Er war den ganzen Abend lang trübsinnig und niedergeschlagen gewesen, und als wir uns für die Nacht trennten, hatte er einen Ausdruck in den Augen, den ich nicht aus meinem Gedächtnis verbannen konnte.

„Zwischen unseren Zimmern war eine Tür, und die Trennwand war nicht sehr solide; und doch hatte ich seit meiner Trennung von ihm kein Geräusch gehört, das darauf hindeuten könnte, dass er überhaupt da war, geschweige denn, dass er wach und aufgeregt war. Ich war in einer Stimmung, Sir, die mir diese Stille schrecklich machte, und so viele alberne Vorstellungen – zum Beispiel, dass er tot da lag oder einen Anfall hatte oder was auch immer – nahmen Besitz von mir, dass ich es schließlich nicht mehr ertragen konnte. Ich ging zur Tür, und nachdem ich sehr aufmerksam, aber völlig vergeblich auf irgendein Geräusch gelauscht hatte, klopfte ich schließlich ziemlich heftig an. Es kam keine Antwort. Da ich spürte, dass längere Ungewissheit unerträglich wäre, drehte ich ohne weiteres die Klinke um und ging hinein.

„Es war ein großer, kahler Raum und von einer einzigen Kerze so schlecht beleuchtet, dass es fast unmöglich war – außer wenn der Blitz zuckte –, in seine großen dunklen Ecken zu sehen. An einer der Wände stand ein kleines, wackliges Bettgestell, verhüllt von gelben Baumwollvorhängen, die durch einen großen Eisenring in der Decke führten. Für alle anderen Möbel gab es eine alte Kommode, die auch als Waschtisch diente und auf der ein kleines Waschbecken, ein Krug und ein einzelnes Handtuch standen. Außerdem gab es zwei antike Stühle und einen Schminktisch. Auf diesem stand ein großer, altmodischer Spiegel mit geschnitztem Rahmen.

Ich muss all diese Dinge gesehen haben, denn ich erinnere mich jetzt noch so gut an sie, aber ich weiß nicht, wie ich sie gesehen haben könnte, denn es scheint mir, dass von dem Augenblick an, als ich den Raum betrat, die Aktivität meiner Sinne und meiner geistigen Fähigkeiten von der gespenstischen Gestalt festgehalten wurden, die reglos vor dem Spiegel in der Mitte des leeren Raumes stand.

„Wie schrecklich es war! Das schwache Licht einer Kerze, die auf dem Tisch stand, schien auf Stranges Gesicht, beleuchtete es von unten und warf (wie ich mich jetzt erinnere) seinen riesigen, schwarzen Schatten auf die Wand hinter ihm und auf die Decke über ihm. Er lehnte sich etwas nach vorne, stützte sich mit den Händen auf den Tisch und starrte mit schrecklicher Starrheit in den Spiegel, der vor ihm stand. Sein weißes Gesicht war schweißbedeckt; seine starren Züge und seine blassen Lippen waren in diesem schwachen Licht schrecklich anzusehen, mehr als Worte es ausdrücken können. Er war so völlig betäubt und verloren, dass er das Geräusch, das ich beim Klopfen und Betreten des Zimmers gemacht hatte, nicht bemerkte. Nicht einmal, als ich ihn laut beim Namen rief, bewegte er sich oder veränderte sich sein Gesicht.

Was für eine Horrorvision war das in dem großen, dunklen, leeren Raum, in einer Stille, die mehr als nur negativ war, diese grausige Gestalt, die durch irgendeinen unerklärlichen Schrecken zu Stein erstarrt war! Und diese Stille und diese Reglosigkeit! Sogar der Donner hatte aufgehört. Mein Herz stand still vor Angst. Dann, getrieben von einem instinktiven Gefühl, unter dessen Einfluss ich mechanisch handelte, schlich ich mit langsamen Schritten näher und näher an den Tisch heran, und schließlich, halb in der Erwartung, ein noch schrecklicheres Gespenst zu sehen als das, das ich bereits sah, blickte ich über seine Schulter in den Spiegel. Zufällig berührte ich seinen Arm, wenn auch nur ganz leicht. In diesem einen Moment schien der Zauber, der ihn – wer weiß wie lange ? – gefesselt gehalten hatte, gebrochen, und er lebte wieder in dieser Welt. Er drehte sich zu mir um, so plötzlich wie ein Tiger seinen Sprung macht, und packte mich am Arm.

„Ich habe Ihnen erzählt, dass ich mich die ganze Nacht über deprimiert und nervös gefühlt hatte, noch bevor ich das Zimmer meiner Freundin betrat. Der Handlungsbedarf zu diesem Zeitpunkt war jedoch so offensichtlich, und der Schmerz dieses Mannes ließ alles, was ich gefühlt hatte, so unbedeutend erscheinen, dass ein Großteil meines eigenen Unbehagens von mir zu verschwinden schien. Ich hatte das Gefühl, dass ich stark sein *muss* .

„Das Gesicht vor mir ließ mich fast entgeistert zurück. Die Augen, die in meine blickten, waren so verängstigt vor Angst, die Lippen – wenn ich das sagen darf – sahen so sprachlos aus. Der elende Mann starrte mir lange ins Gesicht und drehte dann, mich immer noch am Arm haltend, langsam, sehr langsam den Kopf. Ich hatte sanft versucht, ihn vom Spiegel wegzubewegen, aber er wollte sich nicht rühren und starrte jetzt so starr hinein wie immer. Ich konnte das nicht länger ertragen und zog ihn mit der nötigen Kraft allmählich weg und brachte ihn zu einem der Stühle am Fußende des Bettes. ‚Komm!‘, sagte ich – nach dem langen Schweigen klang meine Stimme sogar für mich selbst seltsam und hohl – ‚komm! Du bist übermüdet und spürst das Wetter. Meinst du nicht, dass du im Bett bleiben solltest? Leg dich doch hin. Lass mich meine ärztlichen Fähigkeiten versuchen, dir einen Beruhigungstrank zu mischen.‘

„Er hielt meine Hand und sah mir eifrig in die Augen. ‚Mir geht es jetzt besser‘, sagte er und sprach schließlich nur noch sehr schwach. Er sah mich immer noch auf diese wehmütige Weise an. Es schien, als ob er etwas tun oder sagen wollte, aber nicht den nötigen Entschluss fasste. Schließlich stand er von dem Stuhl auf, zu dem ich ihn geführt hatte, winkte mir, ihm zu folgen, ging durch das Zimmer zum Toilettentisch und blieb wieder vor dem Spiegel stehen. Ein heftiger Schauder durchfuhr ihn, als er hineinsah; aber anscheinend zwang er sich, das, was er gerade begonnen hatte, zu Ende zu führen, denn er blieb, wo er war, und ging, ohne wegzuschauen, mit der Hand auf mich zu, damit ich mich neben ihn stellte. Ich gehorchte.

„'Schau da rein!' sagte er in einem fast unhörbaren Ton. Er stützte sich wie zuvor auf die auf dem Tisch ruhenden Hände und konnte sich nur mit dem Kopf zum Glas neigen, um zu verdeutlichen, was er meinte. „Schau da rein!“ er wiederholte.

„Ich habe getan, was er von mir verlangt hat.

„'Was siehst du?' fragte er als nächstes.

„'Sehen?' Ich wiederholte es und versuchte, so fröhlich wie möglich zu sprechen und das Spiegelbild seines eigenen Gesichts so gut wie möglich zu beschreiben. „Ich sehe ein sehr, sehr blasses Gesicht mit eingefallenen Wangen –“

„'Was?' schrie er mit einem Schrecken in seiner Stimme, den ich nicht verstehen konnte.

„‚Mit eingefallenen Wangen‘, fuhr ich fort, ‚und zwei hohlen Augen mit großen Pupillen.‘

„Ich sah, wie sich das Gesicht meines Freundes veränderte, und fühlte, wie seine Hand meinen Arm noch fester umklammerte als zuvor. Ich blieb

abrupt stehen und sah mich nach ihm um. Er drehte seinen Kopf nicht zu mir, sondern starrte weiter in den Spiegel und schien nach Worten zu ringen
.

„,Was', stammelte er schließlich. ‚Siehst du es auch?'

„,Was sehen?', fragte ich schnell.

„,Dieses Gesicht!', rief er entsetzt. ‚Dieses Gesicht – das nicht meines ist – und das ICH IMMER ANSTELLE MEINES EIGENEN SEHE !'

„Die Worte haben mich sprachlos gemacht. In einem Moment war dieses Geheimnis erklärt – aber was für eine Erklärung! Schlimmer, hundertmal schlimmer als alles, was ich mir vorgestellt hatte. Was! Hatte dieser Mann die Fähigkeit verloren, sein eigenes Bild so zu sehen, wie es sich dort vor ihm widerspiegelte? und gab es an seiner Stelle das Bild eines anderen? Hatte er gegenüber einem anderen Mann seine Meinung geändert? Die Schrecklichkeit dieses Gedankens machte mich eine Zeit lang sprachlos – dann erkannte ich, welchen falschen Eindruck mein Schweigen vermittelte.

"'Nein nein Nein!' Ich weinte, sobald ich sprechen konnte – „ hundertmal, nein!" Ich sehe dich natürlich und nur dich. Es war Ihr Gesicht, das ich zu beschreiben versuchte, und kein anderes."

„Er schien mich nicht zu hören. „Schau mal da!" sagte er mit leiser, undeutlicher Stimme und zeigte auf sein eigenes Bild im Glas. „Wessen Gesicht siehst du da?"

„'Warum natürlich Ihres.' Und dann, nach einem Moment, fügte ich hinzu: „Wessen siehst du?"

„Er antwortete wie jemand in Trance: , *Sein* – nur sein – immer sein!' Er stand einen Moment still und wiederholte dann mit einem lauten und schrecklichen Schrei diese Worte: „ IMMER SEIN , IMMER SEIN ", und fiel vor mir zusammen.

„Ich wusste, was ich jetzt tun sollte. Hier war etwas, was ich jedenfalls verstehen konnte. Ich hatte meinen üblichen kleinen Vorrat an Medikamenten und chirurgischen Instrumenten bei mir und tat, was nötig war: Erstens, um meinen unglücklichen Patienten zu erholen, und zweitens, um ihm den Rest zu besorgen, den er so dringend brauchte. Er war sehr krank und lag einige Tage an der Schwelle des Todes, und ich konnte ihn nicht verlassen, obwohl es dringend nötig war, dass ich nach London zurückkam. Als die Besserung begann, schickte ich meinen Diener John Masey nach England, von dem ich wusste, dass ich ihm vertrauen konnte. Nachdem ich ihn mit den Grundzügen des Falles vertraut gemacht hatte, überließ ich ihm die Obhut meines Patienten mit der Anweisung, ihn in dieses Land zu bringen, sobald er reisefähig sei.

„Diese schreckliche Szene hatte ich immer vor Augen. Ich sah diesen hingebungsvollen Mann Tag für Tag mit den Augen meiner Fantasie, wie er manchmal in seiner Wut den harmlosen Spiegel zerstörte, der die unmittelbare Ursache seines Leidens war, manchmal wie erstarrt vor dem schrecklichen Bild, das ihn in Stein verwandelte. Ich erinnere mich, dass ich ihn einmal traf, als wir in einem Gasthaus am Straßenrand Halt machten, und ihn so am helllichten Tag stehen sah. Sein Rücken war mir zugewandt, und ich wartete und beobachtete ihn fast eine halbe Stunde lang, während er regungslos und sprachlos dastand und schien, als würde er nicht atmen. Ich bin mir nicht sicher, ob diese Erscheinung, die man bei Tageslicht sah, schrecklicher war als die Erscheinung, die man mitten in der Nacht sah, als der Donner zwischen den Hügeln grollte.

„Zurück in London in seinem eigenen Haus, wo er gewissermaßen über die Gegenstände verfügen konnte, die ihn umgeben sollten, ging es dem armen Strange besser, als er es anderswo gewesen wäre. Er ging selten aus, außer nachts, aber ein- oder zweimal bin ich mit ihm bei Tageslicht spazieren gegangen und habe gesehen, wie er furchtbar aufgeregt war, als wir an einem Laden vorbeigehen mussten, in dem Spiegel zum Verkauf angeboten wurden.

„Es ist jetzt fast ein Jahr her, seit mein armer Freund mir an diesen Ort gefolgt ist, an den ich mich zurückgezogen habe. Seit einigen Monaten wird er von Tag zu Tag schwächer und es hat sich bei ihm eine Lungenerkrankung entwickelt, die ihn ins Sterben geführt hat. Ich sollte übrigens hinzufügen, dass John Masey sein ständiger Begleiter war, seit ich sie zusammengebracht habe, und ich musste mich daher um einen neuen Diener kümmern.

„Und nun erzählen Sie mir ", fügte der Arzt hinzu und beendete damit seine Erzählung, „haben Sie je eine traurigere Geschichte gehört, oder wurde je ein Mensch auf grausigere Weise heimgesucht als dieser Mann?"

Ich wollte gerade antworten, als ich draußen Schritte hörte, und bevor ich sprechen konnte, betrat der alte Masey hastig und unordentlich das Zimmer.

„Ich habe diesem Herrn gerade erzählt ", sagte der Arzt, ohne im Augenblick das veränderte Benehmen des alten Masey zu bemerken, „wie Sie mich verlassen haben, um zu Ihrem jetzigen Herrn überzulaufen."

„Ah, Sir", antwortete der Mann mit besorgter Stimme, „ich fürchte, er wird nicht mehr lange mein Herr sein."

Der Arzt war sofort wieder auf den Beinen. „Was? Geht es ihm schlechter?"

„Ich glaube, Sir, er liegt im Sterben", sagte der alte Mann.

„Kommen Sie mit, Herr; Sie können von Nutzen sein, wenn Sie ruhig bleiben können." Der Arzt nahm seinen Hut, als er mich mit diesen Worten ansprach, und in wenigen Minuten hatten wir das Compensation House erreicht. Noch ein paar Sekunden, und wir standen in einem abgedunkelten Raum im ersten Stock, und ich sah vor mir auf einem Bett liegen – blass, abgemagert und, wie es schien, im Sterben – den Mann, dessen Geschichte ich gerade gehört hatte.

Er lag mit geschlossenen Augen da, als wir das Zimmer betraten, und ich hatte Zeit, seine Gesichtszüge zu untersuchen. Was für eine Geschichte des Elends sie erzählten! Sie waren regelmäßig und symmetrisch angeordnet und nicht ohne Schönheit – die Schönheit von überragender Feinheit und Zartheit. Es gab keine Gewalt, und vielleicht waren die Fehler – vielleicht das Verbrechen –, die das Leben des Mannes so elend gemacht hatten, auf diesen Mangel zurückzuführen. Vielleicht das Verbrechen? Ja, es war unwahrscheinlich, dass ein lebenslanges und schreckliches Leiden wie dieses, das er erlitten hatte, über ihn kommen würde, es sei denn, eine Missetat hätte die Strafe herbeigeführt. Was für eine Missetat sollten wir bald erfahren.

Es kommt manchmal – glaube ich allgemein – vor, dass die Anwesenheit eines Menschen, der neben einem schlafenden Mann steht und wacht, ihn weckt, es sei denn, sein Schlaf ist ungewöhnlich schwer. So war es jetzt. Während wir ihn ansahen, erwachte der Schläfer ganz plötzlich und richtete seinen Blick auf uns. Er streckte seine Hand aus und ergriff die des Arztes in ihrem schwachen Griff. "Wer ist das?" fragte er als nächstes und zeigte auf mich.

„Möchtest du, dass er geht? Der Herr weiß etwas über Ihre Leiden und ist stark an Ihrem Fall interessiert; aber er wird uns verlassen, wenn Sie es wünschen", sagte der Arzt.

"NEIN. Lass ihn bleiben."

Ich setzte mich außer Sicht, konnte aber sowohl sehen als auch hören, was geschah, und wartete auf das, was folgen würde. Dr. Garden und John Masey standen neben dem Bett. Es entstand eine kurze Pause.

„Ich möchte einen Spiegel", sagte Strange ohne ein Wort der Einleitung.

Wir begannen alle, ihn diese Worte sagen zu hören. „Ich sterbe", sagte Strange; „Wirst du mir meine Bitte nicht erfüllen?"

Doktor Garden flüsterte dem alten Masey zu; und dieser verließ das Zimmer. Er blieb nicht lange weg, da er nicht weiter als bis zum nächsten Haus gegangen war. Als er zurückkam, hielt er einen Spiegel mit ovalem Rahmen in der Hand. Ein Schauder durchlief den Körper des Kranken, als er es sah.

„Legen Sie es ab", sagte er leise, „ irgendwo – für den Augenblick."

Keiner von uns sprach. Ich glaube nicht, dass irgendjemand von uns in diesem Moment der Spannung hätte sprechen können, wenn wir es versucht hätten.

Der Kranke versuchte, sich ein wenig aufzurichten. „Stützen Sie mich", sagte er. „Es fällt mir schwer, zu sprechen – ich habe etwas zu sagen."

Sie legten Kissen hinter ihn, um seinen Kopf und Körper höher zu lagern.

„Ich habe im Augenblick eine Verwendung dafür", sagte er und deutete auf den Spiegel. „Ich möchte sehen – " Er hielt inne und schien seine Meinung zu ändern. Er war wortkarg. „Ich möchte Ihnen alles darüber erzählen." Wieder schwieg er. Dann schien er sich sehr anzustrengen und sprach noch einmal, wobei er sehr abrupt begann.

„Ich habe meine Frau sehr geliebt. Ich liebte sie – ihr Name war Lucy. Sie war Engländerin; aber nachdem wir geheiratet hatten, lebten wir lange im Ausland – in Italien. Sie mochte das Land und mir gefiel, was ihr gefiel. Sie zeichnete auch gern und ich besorgte ihr einen Meistertitel. Er war Italiener. Ich werde seinen Namen nicht nennen. Wir nannten ihn immer „den Meister". Das war ein verräterischer, heimtückischer Mann, der unter dem Deckmantel seines Berufs seine Chancen nutzte und meiner Frau beibrachte, ihn zu lieben – ihn zu lieben.

„Mir ist die Luft weg. Ich brauche nicht näher darauf einzugehen, wie ich sie herausgefunden habe; aber ich habe sie herausgefunden. Wir waren auf einer Skizzenexpedition unterwegs, als ich meine Entdeckung machte. Meine Wut machte mich wahnsinnig, und es war jemand da, der meinen Wahnsinn noch schürte. Meine Frau hatte ein Dienstmädchen, das, wie es schien, diesen Mann – den Meister – ebenfalls geliebt hatte und von ihm schlecht behandelt und verlassen worden war. Sie erzählte mir alles. Sie hatte die Rolle der Vermittlerin gespielt – hatte Briefe überbracht. Als sie mir das alles erzählte, war es Nacht, in einer einsamen italienischen Stadt in den Bergen. ‚Er ist jetzt in seinem Zimmer', sagte sie, ‚und schreibt ihr.'

„Eine Raserei erfasste mich, als ich diesen Worten zuhörte. Ich bin von Natur aus rachsüchtig – denken Sie daran –, und jetzt war mein Verlangen nach Rache wie ein Durst. Als ich durch diese einsamen Gegenden reiste, war ich bewaffnet, und als die Frau sagte: „Er schreibt an Ihre Frau", ergriff ich wie instinktiv meine Pistolen. Seitdem war es für mich ein Trost, dass ich beide genommen habe. Vielleicht meinte ich in diesem Moment das Richtige mit ihm – ich meinte, dass wir kämpfen sollten. Ich weiß nicht, was ich meinte, ganz … Die Worte der Frau: ‚Er ist jetzt in seinem eigenen Zimmer und schreibt ihr' hallten in meinen Ohren."

Der Kranke blieb stehen, um Luft zu holen. Es schien eine Stunde zu dauern, obwohl es wahrscheinlich nicht mehr als zwei Minuten dauerte, bis er wieder sprach.

„Ich habe es geschafft, unbeobachtet in sein Zimmer zu gelangen. Tatsächlich war er völlig in das vertieft, was er tat. Er saß am einzigen Tisch im Zimmer und schrieb an einem Reiseschreibtisch beim Licht einer einzelnen Kerze. Es war ein schlichter Frisiertisch, und – und vor ihm – genau vor ihm – stand – da war ein Spiegel.

„Ich habe mich hinter ihn geschlichen, während er im Kerzenschein saß und schrieb. Ich schaute über seine Schulter auf den Brief und las: „Liebste Lucy, meine Liebe, mein Schatz.“ Als ich die Worte las, drückte ich den Abzug der Pistole, die ich in meiner rechten Hand hielt, und tötete ihn – tötete ihn –, aber bevor er starb, blickte er einmal auf – nicht zu mir, sondern zu meinem Bild vor ihm in der Glas, und sein Gesicht – so ein Gesicht – ist seitdem da, und meins – mein Gesicht – ist verschwunden!“

Er fiel erschöpft zurück und wir drängten uns alle vorwärts, weil wir dachten, er müsse tot sein, so still lag er da.

Aber er war noch nicht gestorben. Unter dem Einfluss von Stimulanzien erwachte er wieder. Er versuchte zu sprechen und murmelte von Zeit zu Zeit undeutlich Worte, die wir manchmal nicht verstehen konnten. Wir erfuhren jedoch, dass er vor einem italienischen Gericht angeklagt und für schuldig befunden worden war; aber unter so mildernden Umständen, dass seine Strafe in eine Gefängnisstrafe von, wie wir glaubten, zwei Jahren umgewandelt wurde . Aber wir konnten nicht verstehen, was er über seine Frau sagte, obwohl wir aus etwas, das er dem Arzt zuflüsterte, dass er in seinem Testament Vorkehrungen für sie getroffen hatte, entnehmen konnten, dass sie noch am Leben war.

lag er etwas mehr als eine Stunde lang im Schlaf und wachte dann ganz plötzlich auf, wie er es getan hatte, als wir das Zimmer zum ersten Mal betreten hatten. Er blickte sich unruhig in alle Richtungen um, bis sein Blick auf den Spiegel fiel.

„Ich will es“, sagte er hastig; aber ich bemerkte, dass er jetzt nicht schauderte, als es näher gebracht wurde . Als der alte Masey näher kam, es in der Hand hielt und wie ein Kind weinte, trat Dr. Garden vor, stellte sich zwischen ihn und seinen Herrn und nahm die Hand des armen Strange in seine.

„Ist das klug?“, fragte er. „Denken Sie, dass es gut ist, dieses Elend Ihres Lebens jetzt wieder aufleben zu lassen, wo es so nah am Ende ist? Die Strafe für Ihr Verbrechen“, fügte er feierlich hinzu, „war schrecklich. Hoffen wir in Gottes Gnade, dass Ihre Strafe vorüber ist.“

Mit einer letzten großen Anstrengung richtete sich der Sterbende auf und blickte mit einem Gesichtsausdruck zum Arzt auf, wie ihn noch keiner von uns je auf einem Gesicht gesehen hatte.

„Das hoffe ich wirklich", sagte er schwach, „aber du musst mir dabei freien Lauf lassen – denn wenn ich jetzt, wenn ich hinschaue, noch einmal richtig sehe , werde ich noch stärker hoffen – für mich." werde es als Zeichen auffassen."

Der Arzt trat ohne ein weiteres Wort beiseite, als er den Sterbenden so sprechen hörte, und der alte Diener trat näher, beugte sich sanft vor und hielt seinem Herrn den Spiegel hin. Kurz darauf sahen wir, die wir umherstanden und ihn atemlos ansahen, eine solche Verzückung auf seinem Gesicht, dass wir keinen Zweifel daran hatten, dass das Gesicht, das ihn so lange verfolgt hatte, in seiner letzten Stunde verschwunden war.

NR. 4 ZWEIGLINIE
DER REISENDEN POST

Vor vielen Jahren, und bevor diese Linie überhaupt geplant wurde, war ich als Angestellter in einem Wanderpostamt angestellt, das entlang der Eisenbahnlinie von London zu einer Stadt in den Midland Counties verlief, die wir Fazeley nennen werden . Meine Aufgaben bestanden darin, den Postzug zu begleiten, der Fazeley um 20.15 UHR VERLIEß und gegen Mitternacht in London ankam, und mit der Tagespost zurückzukehren, die London um 10.30 Uhr am nächsten Morgen verließ. Danach verbrachte ich eine ununterbrochene Nacht in Fazeley , während ich noch eine weitere Nacht verbrachte Der Sachbearbeiter erledigte die gleiche Arbeitsrunde; und so war ich jeden zweiten Abend im Postwagen der Bahn im Dienst. Anfangs litt ich ein wenig unter der Eile und dem Nervenzittern bei der Ausübung meines Berufes, während der Zug mit einer Geschwindigkeit unter Brücken und durch Tunnel hindurchraste, die man damals für wunderbar und gefährlich hielt; aber es dauerte nicht lange, bis sich meine Hände und Augen an die Bewegung der Kutsche gewöhnt hatten, und ich konnte meine Geschäfte mit der gleichen Schnelligkeit und Leichtigkeit erledigen wie auf dem Postamt der Landstadt, in der ich sie gelernt hatte, und von wo aus ich sie gelernt hatte was ich durch den Einfluss des Landvermessers des Bezirks, Herrn Huntingdon, gefördert hatte. Tatsächlich verfiel die Arbeit bald in eine eintönige Routine, die ich und der junge Angestellte, der mein einziger Assistent war, Nacht für Nacht ununterbrochen verfolgten, da die Arbeit auf dem Eisenbahnpostamt damals noch nicht die Bedeutung erlangt hatte, die ich hatte Größe, die es jetzt besitzt.

Unsere Route führte durch ein landwirtschaftlich geprägtes Gebiet mit vielen kleinen Städten, die nur zwei oder drei Taschen ausmachten; einer für London; ein anderer vielleicht für die Kreisstadt; ein Drittel für das Eisenbahnpostamt, das von uns eröffnet werden soll und die Beilagen entsprechend ihren verschiedenen Adressen verteilt werden sollen. Die Angestellten in vielen dieser kleinen Büros waren Frauen, wie es immer noch ganz allgemein der Fall ist, nämlich die Töchter und weiblichen Verwandten des nominellen Postmeisters, die den Großteil der Geschäfte des Büros erledigten und deren Namen am häufigsten auf den Rechnungen unterschrieben sind begleitend zu den Taschen. Ich war ein junger Mann und etwas neugieriger auf die weibliche Handschrift als jetzt. Es gab insbesondere eine Familie, die ich nie gesehen hatte, deren Unterschriften mir jedoch vollkommen vertraut waren – klar, feinfühlig und gebildet, ganz anders als das elende Gekritzel auf anderen Briefrechnungen. An einem Silvesterabend band ich in einem Moment voller Gefühle einen Zettel zwischen ein Bündel Briefe für ihr Büro, auf das ich geschrieben hatte: „Ein frohes neues Jahr euch allen." Am nächsten Abend erwiderte ich meine guten Wünsche, unterzeichnet, wie ich vermutete, von drei Schwestern namens Clifton. Von diesem Tag an wechselten wir ab und zu ein oder zwei so kurze Sätze wie den oben genannten, und in mir wuchs das Gefühl der Vertrautheit und Freundschaft, obwohl ich noch nie die Gelegenheit gehabt hatte, meine schönen, unbekannten Freundinnen zu sehen.

Gegen Ende des folgenden Oktobers erfuhr ich, dass der damalige Ministerpräsident einen Herbstbesuch bei einem Adligen abstattete, dessen Landsitz in der Nähe eines kleinen Dorfes an unserer Eisenbahnlinie lag. Der Briefkasten des Premierministers , der natürlich alle Briefe enthielt , die ihm zugesandt werden mussten, wechselte zwischen ihm und dem Außenminister und wurde wie üblich der Obhut des Postamtes anvertraut. Der Kontinent befand sich gerade in einem überdurchschnittlich kritischen Zustand; Man glaubte, wir stünden am Rande eines europäischen Krieges; und es herrschte Gemurmel über die Zerstreuung des Ministeriums im ganzen Land. Diese Umstände machten die Belastung des Versandkartons für mich umso interessanter. In Größe und Form ähnelte es sehr den altmodischen Arbeitskästen, die von Damen verwendet wurden, bevor Kästen aus poliertem und verziertem Holz in Mode kamen, und wie diese war es mit rotem Saffianleder bezogen und mit einem Schloss und einem Schlüssel verschlossen. Als es zum ersten Mal in meine Hände kam, nahm ich es so besonders zur Kenntnis, wie man es erwarten konnte. An einer Ecke des Deckels entdeckte ich ein eigenartiges Gerät, das leicht darauf eingeritzt war, höchstwahrscheinlich mit der scharfen Spitze eines Stahlstifts, in einem Moment der geistigen Beschäftigung, der die meisten von uns dazu veranlasst, seltsame Linien und karikierte Gesichter auf irgendein Stück zu zeichnen aus Papier, das unter unserer Hand liegen kann. Es war das alte revolutionäre Gerät eines Herzens, das von einem Dolch durchbohrt wurde; und ich fragte mich, ob es der Premierminister oder einer seiner Sekretäre sein könnte, der es auf Marokko zurückgeführt hatte .

Diese Kiste war etwa zehn Tage lang auf und ab gereist, und da das Dorf keine Tasche für London bereitstellte, gab es nur sehr wenige Briefe außer denen aus dem großen Haus, der Brieftasche aus dem Haus und der Absendung -Box, wurden direkt in unserem Wanderpostamt abgegeben. Doch als Kompliment an die Anwesenheit des Premierministers in der Nachbarschaft verlangsamte der Zug seine Geschwindigkeit nicht nur, sondern hielt ganz an, damit der vertrauenswürdige und vertrauliche Bote des Premierministers die wichtige Kiste in meine eigenen Hände übergeben und sie vollkommen sicher aufbewahren konnte sichergestellt. Ich hatte den unbestimmten Verdacht, dass auch jemand damit beschäftigt war, den Zug nach London zu begleiten, denn drei oder viermal hatte ich einen fremdländisch aussehenden Herrn am Euston-Square getroffen, der an der

Tür des dem Postamt am nächsten gelegenen Waggons stand Transporter und beäugte die schweren Taschen, als sie von meiner Obhut in die Obhut der Beamten des Generalpostamtes überführt wurden. Doch obwohl ich über diese unnötige Vorsichtsmaßnahme amüsiert und etwas verärgert war, schenkte ich dem Mann keine weitere Beachtung, außer dass ich bemerkte, dass er das dunkle Aussehen eines Ausländers hatte und dass er sein Gesicht weit vom Licht der Lampen fernhielt. Abgesehen von diesen Dingen und nach dem ersten oder zweiten Mal interessierte mich die Versandbox des Premierministers nicht mehr als jeder andere Teil meiner Schützlinge. Meine Arbeit war seit einiger Zeit doppelt eintönig, und ich begann zu denken, dass es an der Zeit sei, ein wenig Unterhaltung mit meinen unbekannten Freunden, den Cliftons, zu organisieren. Ich dachte gerade darüber nach, als der Zug am Bahnhof etwa eine Meile von der Stadt entfernt anhielt, in der sie lebten, und ihr Postbote, ein schroffer, sachlicher Kerl – man konnte es in jeder Zeile seines Gesichts sehen –, den Brief hineinwarf Brieftüten und mit ihnen ein an mich adressierter Brief. Es befand sich in einem offiziellen Umschlag mit der Aufschrift „Im Dienst Ihrer Majestät" und das Siegel war ein offizielles Siegel. Auf dem gefalteten Papier darin (auch offiziell gefaltet) las ich den folgenden Befehl: „Mr. Wilcox wird gebeten, der Trägerin, der Tochter des Postmeisters von Eaton, zu gestatten, während der Auffahrt die Arbeit des Eisenbahnpostamts zu sehen." Ich wusste genau, dass es sich bei der Schrift um die eines Sachverständigen handelte, und die Unterschrift stammte von Mr. Huntingdon. Die Trägerin des Befehls erschien an der Tür, das Schnauben der Lokomotive kündigte die sofortige Abfahrt des Zuges an, ich streckte meine Hand aus, die junge Dame sprang leicht und geschickt in den Lieferwagen, und wir fuhren weiter Mitternachtsreise.

Sie war ein kleines, schlankes Wesen, eines dieser schlanken kleinen Mädchen, die man sich nie als Frau vorstellt, ordentlich und schlicht gekleidet in ein dunkles Kleid, mit einem Schleier, der ein wenig über ihr Gesicht hing und unter dem Kinn gebunden war: das Auffälligste über ihr Aussehen war eine große Masse heller, fast gelber Haare, die sich irgendwie gelöst hatten und in dicken, welligen Locken über ihren Hals fielen. Sie hatte eine freie, angenehme Art an sich, nicht im Geringsten kühn oder aufdringlich, was ihre Anwesenheit in ein oder zwei Minuten wie die natürlichste Sache der Welt erscheinen ließ. Als sie neben mir vor der Reihe von Kisten stand, in die ich meine Briefe sortierte, stellte sie Fragen und ich antwortete, als wäre es für uns eine alltägliche Angelegenheit, gemeinsam mit der Nachtpost zum Bahnhof Euston-Square zu fahren . Ich gab mir selbst die Schuld, ein Idiot zu sein, dass ich nicht schon früher die Gelegenheit genutzt hatte, meine unbekannten Freunde in Eaton zu besuchen.

„Dann", sagte ich und legte ihr den Brief aus ihrem Büro vor die Nase, „darf ich fragen, welche der mir so gut bekannten Unterschriften Ihre ist? Ist es A.

Clifton, oder M. Clifton, oder S. Clifton?" Sie zögerte ein wenig, errötete und hob ihre offenen, kindlichen Augen zu mir.

„Ich bin A. Clifton", antwortete sie.

„Und Ihr Name?", sagte ich .

„Anne", sagte sie und dann, als wolle sie mir unbedingt ihre derzeitige Lage erklären, fügte sie hinzu: „Ich war auf dem Weg nach London zu einem Besuch und dachte, es wäre schön, mit dem Postamt mitzufahren und mir anzusehen, wie dort gearbeitet wird. Mr. Huntingdon kam, um sich unser Büro anzusehen, und sagte, er würde mir eine Bestellung schicken."

Ich war etwas überrascht, denn einen strengeren Zuchtmeister als Mr. Huntingdon gab es nicht; doch ich blickte auf das kleine unschuldige Gesicht neben mir und billigte herzlich seine Abweichung von den üblichen Regeln.

„Wussten Sie, dass Sie mit mir reisen würden?", fragte ich leiser, denn Tom Morville, mein Junior, saß neben mir.

„Ich wusste, dass ich mit Mr. Wilcox reisen sollte", antwortete sie mit einem Lächeln, das meine Nerven zum Kribbeln brachte.

„Du hast mir seit Ewigkeiten kein Wort geschrieben", sagte ich vorwurfsvoll.

„Du solltest besser nicht reden, sonst machst du Fehler", antwortete sie in einem schelmischen Tonfall. Das stimmte ganz genau, denn plötzlich überkam mich eine Verwirrung und ich sortierte die Briefe nach dem Zufallsprinzip.

Wir näherten uns gerade dem kleinen Bahnhof, wo die Brieftüte aus dem großen Haus abgeholt wurde. Der Motor verlangsamte seine Geschwindigkeit. Miss Clifton zeigte eine gewisse natürliche und angemessene Zurückhaltung.

„Es würde für jeden auf dem Bahnsteig so seltsam aussehen", sagte sie, „ein Mädchen im Postauto zu sehen!" Und sie konnten nicht wissen, dass ich die Tochter eines Postmeisters war und einen Auftrag von Mr. Huntingdon hatte. Gibt es keine dunkle Ecke, die mich schützt?"

Ich muss Ihnen in ein oder zwei Worten die Konstruktion des Lieferwagens erklären, der viel weniger effizient ausgestattet war als die heutigen Wanderpostämter. Es war ein umkehrbarer Lieferwagen mit einer Tür an jeder rechten Ecke. An jeder Tür waren die Briefkästen so angeordnet, dass sie eine Art Sichtschutz von etwa zwei Fuß Breite bildeten, der verhinderte, dass die Leute den gesamten Wagen gleichzeitig überblicken konnten. So wurde die Tür am anderen Ende des Lieferwagens, die zu diesem Zeitpunkt nicht benutzt wurde, in tiefen Schatten geworfen, und der Bildschirm davor verwandelte sie in eine kleine Nische, in der eine kleine kleine Person wie

Miss Clifton sehr gut versteckt war aus neugierigen Augen. Bevor der Zug in den Lichtschein der Lampen auf dem Bahnsteig kam, verschanzte sie sich in diesem Unterschlupf. Niemand außer mir konnte ihr lachendes Gesicht sehen, wie sie dort stand, vorsichtig vorgebeugt, den Finger auf ihre rosigen Lippen gedrückt, und einen Blick auf den Boten warf, der mir den Briefkasten des Premierministers in die Hände übergab , während Tom Morville die Brieftüte entgegennahm des großen Hauses.

Rede des Premierministers , zurück zum Außenminister. Hier sind einige Staatsgeheimnisse für Sie, und Damen lieben Geheimnisse."

„Oh! Ich verstehe nichts von Politik", antwortete sie gleichgültig, „und wir haben diese Kiste schon ein- oder zweimal in unserem Büro gehabt."

„Ist Ihnen dieses Zeichen darauf schon einmal aufgefallen", fragte ich – „ ein Herz mit einem Dolch darin?" und während ich mein Gesicht zu ihrem hinunterbeugte, machte ich eine gewisse löffelartige Bemerkung, die ich nicht wiederholen möchte. Miss Clifton warf ihr Köpfchen zurück und schmollte; aber sie nahm mir die Schachtel aus der Hand und trug sie zu der Lampe, die am nächsten am anderen Ende des Wagens stand. Danach stellte sie sie auf den Tresen dicht neben dem Wandschirm, und ich dachte nicht weiter daran. Die Mitternachtsfahrt war äußerst unterhaltsam, denn das Mädchen war voll von jugendlichem Leben, Keckheit und fröhlichem Humor . Ich kann mit Sicherheit behaupten, dass ich noch nie bei einer sogenannten Abendunterhaltung gewesen bin, die für mich auch nur halb so unterhaltsam war. Das Vergnügen wurde noch spannender und spannender, wenn ich sah, wie sie sich jedes Mal, wenn ich ihr sagte, dass wir anhalten würden, um die Post abzuholen, schnell versteckte.

„Wir hatten Watford passiert, die letzte Station, an der wir anhielten, bevor mir wieder bewusst wurde, dass wir mit unserer Arbeit furchtbar im Rückstand waren. Miss Clifton wurde ebenfalls ernst und saß sehr ruhig und verhalten am Ende des Schalters, als ob ihr Spaß vorbei wäre und sie vielleicht etwas darin finden könnte, was sie bereuen könnte. Ich hatte ihr gesagt, dass wir nicht mehr anhalten sollten, bis wir die Euston-Square-Station erreichten, aber zu meiner Überraschung spürte ich, wie unsere Geschwindigkeit nachließ und unser Zug zum Stehen kam. Ich schaute hinaus und rief den Schaffner im Wagen hinter mir, der mir sagte, er vermute, dass etwas auf der Strecke vor uns sei und dass wir in ein oder zwei Minuten weiterfahren würden. Ich drehte meinen Kopf und gab diese Information an meinen Kollegen und Miss Clifton weiter.

„Wissen Sie, wo wir sind?", fragte sie in ängstlichem Ton.

„In Camdentown", antwortete ich. Sie sprang hastig von ihrem Sitz auf und kam auf mich zu.

„Ich bin hier in der Nähe des Hauses meiner Freundin", sagte sie, „also habe ich Glück. Es sind keine fünf Minuten Fußweg vom Bahnhof. Ich verabschiede mich jetzt von Ihnen, Mr. Wilcox, und danke Ihnen tausendmal für Ihre Freundlichkeit."

Sie schien aufgeregt und streckte mir flehend ihre beiden kleinen Hände entgegen, als hätte sie Angst, ich könnte sie gegen ihren Willen festhalten. Ich nahm sie beide in meine und drückte sie mit etwas mehr Eifer , als unbedingt nötig war.

„Ich möchte nicht, dass Sie zu dieser Stunde allein gehen", sagte ich, „aber es lässt sich nicht ändern. Es war eine wunderbare Zeit für mich. Erlauben Sie mir, Sie morgen früh zu besuchen, denn ich verlasse London um 10.30 Uhr oder am Mittwoch, wenn ich wieder in der Stadt bin?"

„Oh", antwortete sie und ließ den Kopf hängen, „ich weiß es nicht. Ich werde Mama schreiben und sagen, wie nett Sie waren, und, und – aber ich muss gehen, Mr. Wilcox."

„Es gefällt mir nicht, dass du alleine gehst", wiederholte ich.

"O! Ich kenne den Weg perfekt", sagte sie genauso aufgeregt, „perfekt, danke." Und es ist ganz in der Nähe. Auf Wiedersehen."

Sie sprang leichtfüßig aus dem Waggon, und im selben Augenblick setzte sich der Zug wieder in Bewegung. Wie Sie vielleicht vermuten, waren wir beschäftigt genug. In weiteren fünf Minuten sollten wir am Euston-Square sein, und die Arbeit dauerte noch fast fünfzehn Minuten. Trotz der Freude, die er mir bereitet hatte, verfluchte ich Mr. Huntingdon und seine Abkehr von den gewöhnlichen Regeln im Geiste, vertrieb Miss Clifton gewaltsam aus meinen Gedanken, machte mich mit einem Testament an die Arbeit und sammelte die eingeschriebenen Briefe für London ein, verschnürte sie Sie packten sie zusammen mit der Papierrechnung in ein Bündel und wandten sich dann an die Ecke des Tresens, um den Versandkarton zu holen .

Briefkasten des Premierministers war nicht da. In der ersten Minute war ich nicht im Geringsten beunruhigt und sah mich nur um, auf dem Boden, unter den Säcken, in den Kisten, an jedem Ort, wo er hingefallen oder abgelegt worden sein könnte. Wir erreichten Euston Square, während ich noch immer suchte und mit jedem Augenblick mehr und mehr die Fassung verlor. Tom Morville schloss sich mir bei meiner Suche an und betastete jeden Sack, der fertig gemacht und versiegelt worden war. Der Karton war kein kleiner Gegenstand, der in einen kleinen Umfang passte; er war bestimmt zwölf Zoll lang und hatte einen Umfang von mehr als das. Aber er tauchte nirgends auf. Ich war nie einer Ohnmacht näher als in diesem Moment.

„Könnte Miss Clifton es geschafft haben?", schlug Tom Morville vor.

„Nein", sagte ich empört, aber nachdenklich, „sie hätte so ein sperriges Ding nicht wegtragen können, ohne dass wir es bemerkt hätten. Es passte nicht in eine unserer Taschen, Tom, und sie trug eine eng anliegende Jacke, die nichts verbergen konnte."

„Nein, sie kann es nicht haben", stimmte Tom zu; „Dann muss es irgendwo in der Nähe sein." Wir suchten immer wieder und drehten alles im Transporter um, aber ohne Erfolg. Der Versandkarton des Premierministers war verschwunden; und zunächst konnten wir nur dastehen und einander anstarren. Unsere Trance völliger Bestürzung war von kurzer Dauer, denn der Lieferwagen wurde von den Postboten aus St. Martin's-le-Grand angegriffen, die auf unseren Auftrag warteten. Voller Verwirrung beendeten wir unsere Arbeit und lieferten die Post aus. Dann standen wir uns erneut mit blassen Gesichtern gegenüber, völlig verängstigt. Alle Schwierigkeiten, in denen wir uns jemals befanden (und wir hatten wie üblich Fehler und Schnitzer gehabt), verblassten im Vergleich dazu zu völliger Bedeutungslosigkeit. Mein Blick fiel auf Mr. Huntingdons Bestellung, die zwischen einigen Fetzen Altpapier auf dem Boden lag, und ich hob sie auf und steckte sie zusammen mit dem offiziellen Umschlag sorgfältig in meine Tasche.

„Wir können hier nicht bleiben", sagte Tom. Die Gepäckträger schauten neugierig hinein; wir verbrachten selten so lange Zeit im leeren Wagen.

„Nein", antwortete ich, und plötzlich schoss ein Funke Vernunft durch die leere Verwirrung meines Gehirns. „Nein, wir müssen sofort zum Hauptquartier gehen und reinen Tisch machen. Das ist keine Privatangelegenheit, Tom."

Wir führten noch eine vergebliche Suche durch, dann riefen wir ein Taxi und fuhren so schnell wir konnten zum Hauptpostamt. Der Sekretär des Postamts war natürlich nicht da, aber wir bekamen die Adresse seines Wohnsitzes in einem der Vororte, vier oder fünf Meilen von der Stadt entfernt, und erzählten niemandem von unserem Unglück, denn ich dachte, je weniger Leute von dem Verlust erfuhren, desto besser. In diesem Punkt lag ich mit meinem Urteil richtig.

Wir mussten den Haushalt des Sekretärs aufsuchen – einer beeindruckenden Persönlichkeit, mit der ich noch nie zuvor in Kontakt gekommen war – und in kurzer Zeit führten wir beim Schein einer einsamen Kerze ein streng privates und vertrauliches Gespräch mit ihm. Dies diente nur dazu, sein ernstes Gesicht aufzuhellen, das seinen Ausdruck mehrmals veränderte, während ich das Unglück erzählte. Es war zu gewaltig, als dass man es zurechtweisen konnte, und ich bildete mir ein, dass in seinen Augen so etwas wie Mitgefühl zu erkennen war, als er uns ansah. Nach einer kurzen Überlegungspause verkündete er seine Absicht, uns zum Wohnsitz des

Außenministers zu begleiten; und in wenigen Minuten fuhren wir wieder zurück ans andere Ende Londons. Es war nicht mehr weit von der Stunde der morgendlichen Briefzustellung, als wir unser Ziel erreichten; aber die Atmosphäre war gelb vor Nebel, und wir konnten nichts sehen, während wir in fast völliger Stille vorbeigingen, denn keiner von uns wagte den Mut zu sprechen, und der Sekretär machte nur ab und zu eine kurze Bemerkung. Wir fuhren zu einer in Nebel gehüllten Wohnung und blieben fast eine halbe Stunde im Taxi, während unsere Sekretärin hineinging. Am Ende dieser Zeit wurden wir in eine Wohnung gerufen, wo an einem großen Schreibtisch saß a kleiner, hagerer Mann mit großem Kopf und tief unter den Brauen liegenden Augen. Natürlich gab es keine Vorstellung, und wir konnten nur vermuten, wer er sein könnte; aber wir wurden gebeten, unsere Aussage zu wiederholen, und der Fremde stellte uns einige kluge Fragen. Wir wollten ihm unbedingt alles geben, was wir wussten, aber das war kaum mehr als die Tatsache, dass der Versandkarton verloren ging.

„Dieser junge Mensch muss es genommen haben", sagte er.

„Das konnte sie nicht, Sir", antwortete ich positiv, aber respektvoll. „Sie trug das enganliegendste Pelisse, das ich je gesehen habe, und zum Abschied reichte sie mir beide Hände. Sie konnte es unmöglich vor sich verheimlichen. Es würde nicht in meine Tasche gehen."

„Wie kam sie dazu, mit Ihnen im Van hochzufahren, Sir?" fragte er ernst.

Ich gab ihm den von Mr. Huntingdon unterzeichneten Befehl zur Beantwortung. Er und unsere Sekretärin haben es genau durchgelesen.

„Es ist ohne Zweifel Huntingdons Unterschrift", sagte dieser; „Ich könnte es überall beschwören. Das ist ein außergewöhnlicher Umstand!"

Es war ein außergewöhnlicher Umstand. Die beiden zogen sich in ein Nebenzimmer zurück, wo sie noch eine halbe Stunde blieben, und als sie zu uns zurückkehrten, trugen ihre Gesichter immer noch den Ausdruck ernster Verwirrung.

"Herr. Wilcox und Mr. Morville", sagte unser Sekretär, „es ist zweckmäßig, dass diese Angelegenheit streng geheim gehalten wird. Sie müssen sogar darauf achten, nicht anzudeuten, dass Sie ein Geheimnis haben. Sie taten gut daran, Ihren Verlust nicht bei der Post anzumelden, und ich werde dafür sorgen, dass klargestellt wird, dass Sie die Anweisung hatten, den Versandkarton direkt an seinen Bestimmungsort zu bringen. Ihre Aufgabe besteht nun darin, die junge Frau zu finden und spätestens heute Nachmittag um sechs Uhr mit ihr in mein Büro im Hauptpostamt zurückzukehren. Welche weiteren Schritte wir für erforderlich halten, darüber müssen Sie nichts wissen; Je weniger Sie wissen, desto besser für Sie."

Ein weiterer Schimmer des Mitgefühls in seinem offiziellen Blick ließ uns das Herz sinken. Wir machten uns umgehend auf den Weg, und mit dem Instinkt der Weisheit, der uns manchmal unfehlbar vorschreibt, welchen Kurs wir einschlagen sollten, entschieden wir unsere Vorgehensweise. Tom Morville sollte nach Camden-Town fahren und sich in jedem Haus nach Miss Clifton erkundigen, während ich – ich würde gerade noch Zeit dafür haben – mit dem Zug nach Eaton fahren und von ihren Eltern ihre genaue Adresse erfahren sollte. Wir verabredeten uns, uns um halb fünf beim Hauptpostamt zu treffen, wenn ich es bis dahin möglicherweise erreichen könnte; aber auf jeden Fall sollte Tom sich beim Sekretär melden und für meine Abwesenheit Rechenschaft ablegen.

Als ich am Bahnhof von Eaton ankam, stellte ich fest, dass ich nur noch 45 Minuten Zeit hatte, bevor der Zug nach oben kam. Die Stadt war fast eine Meile entfernt, aber ich beeilte mich so schnell ich konnte, um sie zu erreichen. Ich war nicht überrascht, das Postamt in der Nähe eines Buchladens vorzufinden, und ich sah eine nette ältere Dame hinter dem Ladentisch sitzen, während ein großes dunkelhaariges Mädchen etwas außerhalb der Sichtweite an einer Arbeit arbeitete. Ich stellte mich sofort vor.

„Ich bin Frank Wilcox vom Bahnpostamt und bin gerade nach Eaton gefahren, um einige Informationen von Ihnen einzuholen.“

„Sicher. Wir kennen Sie gut mit Namen“, lautete die Antwort in einem herzlichen Ton, der mir besonders gefiel.

„Wären Sie so freundlich und geben mir die Adresse von Miss Anne Clifton in Camden Town?“, sagte ich .

„Miss Anne Clifton?“ rief die Dame.

"Ja. Ihre Tochter, nehme ich an. Der gestern Abend nach London gefahren ist.“

„Ich habe keine Tochter Anne“, sagte sie; „Ich bin Anne Clifton und meine Töchter heißen Mary und Susan. Das ist meine Tochter Mary.“

Das große dunkelhaarige Mädchen hatte ihren Platz verlassen und stand nun neben ihrer Mutter. Sicherlich war sie ganz anders als die kleine goldhaarige Kokette, die als Anne Clifton mit mir nach London gereist war.

„Madam“, sagte ich, kaum in der Lage zu sprechen, „ist Ihre andere Tochter ein schlankes kleines Geschöpf, genau das Gegenteil dieser jungen Dame?“

„Nein“, antwortete sie lachend; „Susan ist sowohl größer als auch dunkler als Mary. Ruf Susan an, meine Liebe.“

Ein paar Sekunden später erschien Miss Susan, und ich hatte die drei vor mir – A. Clifton, S. Clifton und M. Clifton. Es gab kein anderes Mädchen in der

Familie; und als ich die junge Dame beschrieb, die unter ihrem Namen gereist war, fiel ihnen niemand in der Stadt ein – es war eine kleine –, die meiner Beschreibung entsprach oder die zu einem Besuch nach London gereist war. Ich hatte keine Zeit mehr und eilte zurück zum Bahnhof, wo ich einfach den Zug erwischte, als dieser den Bahnsteig verließ. Zur verabredeten Stunde traf ich Morville im Hauptpostamt, und als wir durch die langen Gänge des Büros des Sekretärs gingen, warteten wir schließlich ängstlich in einem Vorzimmer, bis wir in seine Gegenwart gerufen wurden. Morville hatte nichts herausgefunden, außer dass die Träger und Polizisten am Bahnhof von Camdentown gestern Abend eine junge Dame ohnmächtig geworden waren, begleitet von einem dunkelhäutigen Mann, der wie ein Ausländer aussah und einen kleinen schwarzen Mantel trug.

Ich weiß kaum, wie lange wir gewartet haben; Es mochten Jahre gedauert haben, denn ich war mir bewusst, dass es immer schwieriger wurde, meine Gedanken zu beherrschen oder sie auf das Thema zu fokussieren, das sie den ganzen Tag beschäftigt hatte. Ich hatte vierundzwanzig Stunden lang kein Essen probiert und sechsunddreißig Stunden lang keine Augen geschlossen, während mein Nervensystem während dieser ganzen Zeit auf Hochtouren war.

Plötzlich kam die Vorladung und ich wurde zuerst in die Innenwohnung geführt. Fünf Herren saßen um einen Tisch, der mit einer Menge Dokumenten übersät war. Da waren der Außenminister, den wir am Morgen gesehen hatten, unser Sekretär und Mr. Huntingdon; der vierte war ein gutaussehender Mann, von dem ich später wusste, dass er der Premierminister war; den fünften erkannte ich als unseren großen Chef, den Generalpostmeister. Für mich war es eine erhabene Versammlung, und ich verneigte mich tief; aber mein Kopf war schwindelig und meine Kehle war ausgetrocknet.

„Mr. Wilcox", sagte unsere Sekretärin, „Sie werden diesen Herren noch einmal die Umstände des Verlusts schildern, den Sie mir heute Morgen gemeldet haben."

Ich legte meine Hand auf die Stuhllehne, um mich zu stützen, und ging die Erzählung zum dritten Mal durch, wobei ich verschiedene Bemerkungen überging, die ich der jungen Dame gegenüber gemacht hatte. Danach fügte ich den Bericht über meine Expedition nach Eaton hinzu und die Gewissheit, zu der ich gelangt war, dass meine Reisegefährtin nicht die Person war, für die sie sich ausgab. Danach fragte ich mit unbeschreiblicher Angst, ob Mr. Huntingdons Befehl eine Fälschung sei?

„Das kann ich nicht sagen, Mr. Wilcox", sagte dieser Herr, nahm die Bestellung in die Hand und betrachtete sie mit einer Miene äußerster Verwirrung. „Ich hätte schwören können, dass es meins war, wenn es einem anderen Dokument beigefügt gewesen wäre. Ich denke, dass die Handschrift von Forbes nicht so gut nachgeahmt wird. Aber es ist genau die Tinte, die ich verwende, und meine ist eine eigenartige Signatur."

Es war eine sehr eigenartige und altmodische Signatur mit einem Schnörkel darunter, der einem Peitschenstiel ähnelte, und in dessen Mitte die Peitsche befestigt war; aber das machte es nicht schwieriger, es zu fälschen, wie ich demütig vorschlug. Herr Huntingdon schrieb seinen Namen auf ein Papier, und zwei oder drei der Herren versuchten, den Schnörkel nachzuahmen, aber vergebens. Sie gaben es mit einem Lächeln auf ihren ernsten Gesichtern auf.

„Sie haben darauf geachtet, dass Ihnen nichts von dieser Angelegenheit entgeht, Mr. Wilcox?" sagte der Generalpostmeister.

„Keine Silbe, Mylord", antwortete ich.

„Es ist zwingend notwendig, dass das Geheimnis gewahrt bleibt. Sie würden der Versuchung entgehen, es zu sagen, wenn Sie einen Termin in einem Büro im Ausland hätten. Die Paketagentur in Alexandria ist vakant, und ich werde Sie sofort dorthin ernennen."

Es wäre ein großer Fortschritt gegenüber meiner jetzigen Situation und würde sich zweifellos als Sprungbrett zu anderen und besseren Positionen erweisen; aber ich hatte eine Mutter, die in Fazeley lebte , bettlägerig und gelähmt, die keine Freude am Leben hatte, außer mich mit ihr unter einem Dach wohnen zu lassen. Mein Kopf wurde immer schwindliger und eine seltsame Unbestimmtheit beschlich mich.

„Meine Herren", murmelte ich, „ich habe eine bettlägerige Mutter, die ich nicht verlassen kann. Ich bin nicht schuld, meine Herren." Ich bildete mir ein, es gäbe eine Bewegung am Tisch, aber meine Augen waren trübe, und eine Sekunde später verlor ich das Bewusstsein.

Als ich nach zwei oder drei Minuten wieder zu mir kam, stellte ich fest, dass Mr. Huntingdon neben mir auf dem Boden kniete und meinen Kopf stützte, während unsere Sekretärin mir ein Glas Wein an die Lippen hielt. Ich erholte mich so schnell wie möglich und stand schwankend auf; aber die beiden Herren setzten mich auf den Stuhl, an den ich gelehnt hatte, und bestanden darauf, dass ich den Wein austrank, bevor ich zu sprechen versuchte.

„Ich habe den ganzen Tag nichts gegessen", sagte ich schwach.

„Dann, mein guter Freund, gehen Sie sofort nach Hause", sagte der Generalpostmeister. „Aber seien Sie auf der Hut! Kein Wort davon darf Ihnen entgehen. Sind Sie verheiratet?"

„Nein, mein Herr", antwortete ich.

„Umso besser", fügte er lächelnd hinzu. „Ich wage zu behaupten, dass du ein Geheimnis vor deiner Mutter bewahren kannst. Wir verlassen uns auf Ihre Ehre ."

Dann klingelte der Sekretär, und ich wurde der Obhut des Boten übergeben, der darauf antwortete; und in wenigen Minuten wurde ich in einem Taxi zu meiner Londoner Unterkunft gebracht. Eine Woche später wurde Tom Morville auf ein Postamt in Kanada geschickt, wo er sich niederließ, heiratete und noch immer lebt, vollkommen zufrieden mit seiner Position, wie er mir gelegentlich per Brief mitteilt. Ich selbst blieb, wie ich es wünschte, in meinem alten Posten als Reisegehilfe bis zum Tod meiner Mutter, der etwa zehn oder zwölf Monate später eintrat. Bei der ersten vakanten Stelle wurde ich dann zur verantwortlichen Sachbearbeiterin befördert.

Die Aufgabe der zuständigen Beamten besteht darin, jedes Postamt im Königreich in Besitz zu nehmen, wenn der Postmeister stirbt oder zurücktritt oder wenn verdächtige Umstände zu seiner Amtsenthebung führen. Meine neuen Aufgaben führten mich drei- oder viermal in Mr. Huntingdons Bezirk. Obwohl dieser Herr und ich nie ein Wort über den mysteriösen Verlust wechselten, an dem wir beide unschuldig beteiligt waren, schenkte er mir eine besondere Gunst und lud mich mehr als einmal ein, ihn in seinem eigenen Haus zu besuchen. Er lebte allein und hatte nur eine Tochter, die, etwas gegen seinen Willen, einen seiner Angestellten geheiratet hatte: den Mr. Forbes, dessen Handschrift in der offiziellen Anordnung, die mir die selbsternannte Miss Anne Clifton vorgelegt hatte, so erfolgreich nachgeahmt worden war. (Übrigens darf ich hier erwähnen, obwohl es nichts mit meiner Geschichte zu tun hat, dass meine Bekanntschaft mit den Cliftons zu einer Intimität gereift war, die zu meiner Verlobung und Heirat mit Mary führte.)

Es würde nicht meine Absicht sein, die genaue Anzahl der Jahre anzugeben, die vergingen, bis ich erneut in die Privatwohnung des Sekretärs gerufen wurde, wo ich ihn verschlossen mit Mr. Huntingdon vorfand. Mr. Huntingdon schüttelte ihm mit inoffizieller Herzlichkeit die Hand; und dann ging die Sekretärin dazu über, den Sachverhalt darzulegen.

"Herr. Wilcox, erinnern Sie sich an unser Angebot, Ihnen ein Amt in Alexandria zu übertragen?" er sagte.

„Sicherlich, Sir", antwortete ich.

„Es war ein mühsames Büro", fuhr er fast kleinlich fort. „Wir haben Herrn Forbes erst vor sechs Monaten wegen seines Gesundheitszustands losgeschickt, der ein wärmeres Klima erforderte, und jetzt berichtet sein Arzt, dass sein Leben den Kauf von drei Wochen nicht wert sei."

Auf Mr. Huntingdons Gesicht lag ein Ausdruck tiefer Besorgnis; und als der Sekretär innehielt, wandte er sich an mich.

„Mr. Wilcox“, sagte er, „ich habe Sie gebeten, mir einen persönlichen Gefallen zu tun und Sie mit der Leitung der Paketagentur zu beauftragen, damit meine Tochter jemanden zur Hand hat, der ihr zur Seite steht und ihre geschäftlichen Angelegenheiten für sie regelt. Sie kennen sie nicht persönlich, aber ich weiß, dass ich sie Ihnen anvertrauen kann.“

„Das dürfen Sie, Mr. Huntingdon“, sagte ich herzlich. „Ich werde alles tun, was ich kann, um Mrs. Forbes zu helfen. Wann soll ich losfahren?“

„Wie schnell können Sie fertig sein?“ war die Erwiderung.

"Morgen früh."

Ich war damals noch nicht verheiratet und rechnete nicht damit, dass es zu einer Verzögerung der Abreise kommen würde. Es gab auch keine. Ich reiste mit der Überlandpost durch Frankreich nach Marseille, bestieg ein Schiff nach Alexandria und betrat wenige Tage, nachdem ich zum ersten Mal von meinem Ziel erfahren hatte, das dortige Büro. Alle Postabwicklungen waren in beträchtliche Unregelmäßigkeiten und Verwirrung geraten; denn wie mir sofort bei meiner Ankunft mitgeteilt wurde, befand sich Mr. Forbes seit einer Woche im Sterben, und natürlich hatte die Abwesenheit eines Herrn die üblichen Folgen gehabt. Ich nahm das Büro förmlich in Besitz und begab mich dann, begleitet von einem der Angestellten, zur Wohnung des unglücklichen Postmeisters und seiner nicht weniger unglücklichen Frau. Es wäre in dieser Erzählung fehl am Platz, sich irgendwelchen Reiseerzählungen über den seltsamen Ort hinzugeben, an dem ich mich so unerwartet befand. Es genügt zu sagen, dass der dunkle, schwüle Raum, in den ich geführt wurde, als ich mich nach Mrs. Forbes erkundigte, bar jeglicher Möbel und aller kleinen Zeichen von Vornehmheit und Geschmack war, die unsere englischen Salons so angenehm für das Auge machen. In einer der dunklen Ecken des Raumes stand jedoch ein offenes Klavier, auf dem ein Notenblatt lag. Während ich auf Mrs. Forbes‘ Erscheinen wartete, schlenderte ich gemächlich zum Klavier, um zu sehen, welche Musik es sein würde. Im nächsten Moment fiel mein Blick auf eine antike Arbeitskiste aus rotem Marokko, die auf der Oberseite des Klaviers stand – offensichtlich eine Arbeitskiste, denn der Deckel war nicht fest geschlossen, und ein paar Fäden Seide und Baumwolle hingen heraus. In einer Art Traum – denn es war schwer zu glauben, dass das Ereignis eine Tatsache war – trug ich die Schachtel zum dunklen Fenster, und dort war, deutlich vor meinen Augen, das in das Leder eingeritzte Symbol: das revolutionäre Symbol eines Herzens mit einem Dolch hindurch. Ich hatte den Versandkarton des Premierministers im Salon des Paketagenten von Alexandria gefunden!

Ich stand einige Minuten mit diesem traumähnlichen Gefühl da und starrte auf die Kiste im trüben, dunklen Licht. Es konnte *nicht* real sein! Meine Fantasie muss mir einen Streich spielen! Aber das Geräusch eines leichten

Schrittes – denn so leicht er auch war, ich hörte ihn deutlich, als er sich dem Zimmer näherte – unterbrach meine Trance, und ich beeilte mich, die Kiste wieder auf das Klavier zu stellen und mich zu bücken, als ob ich die Noten vorher begutachten wollte die Tür öffnete sich. Ich hatte meinen Namen nicht an Mrs. Forbes geschickt, denn ich ging nicht davon aus, dass sie davon wusste, und sie konnte mich auch nicht deutlich sehen, als ich im Dunkeln stand. Aber ich konnte sie sehen. Sie hatte die schlanke Figur, das kindliche Gesicht und das blonde Haar von Miss Anne Clifton. Sie ging schnell durch den Raum und streckte auf kindliche Weise ihre Hände aus.

"Ö!" Sie jammerte in einem Ton, der mir direkt zu Herzen ging: „Er ist tot! Er ist gerade gestorben!"

Saffian -Arbeitsbox zu sprechen . Dieses kleine kindliche Wesen, das keinen Tag älter aussah als damals, als ich es zuletzt in meinem Wanderpostamt gesehen hatte, war eine Witwe in einem fremden Land, weit weg von allen Freunden außer mir. Ich hatte ihr einen Brief von ihrem Vater mitgebracht. Die ersten Pflichten, die mir zufielen, waren die der Beerdigung ihres Mannes, die sofort stattfinden musste. Drei oder vier Wochen vergingen, bevor ich mit einiger Menschlichkeit die Untersuchung ihrer mysteriösen Mitschuld an dem dreisten Diebstahl an der Regierung und dem Postamt beginnen konnte .

Versandkarton nicht mehr gesehen . Inmitten ihrer neuen und heftigen Trauer hatte Mrs. Forbes die Vorsichtsmaßnahme, es zu entfernen, bevor ich wieder in das Zimmer geführt wurde, in dem ich es entdeckt hatte. Es fiel mir schwer, einen Plan zu finden, der es mir ermöglichen würde, einen zweiten Blick darauf zu werfen. aber ich war entschlossen, dass Mrs. Forbes Alexandria nicht verlassen sollte, ohne mir eine ausführliche Erklärung zu geben. Wir warteten auf Überweisungen und Anweisungen aus England, und in der Zwischenzeit ließ die Heftigkeit ihres Kummers nach, und sie erlangte einen guten Teil ihrer alten Lebensfreude und Lieblichkeit zurück, die mich bei meiner ersten Bekanntschaft so entzückt hatte. Als ihre Ansprüche an mein Mitgefühl nachließen, wurde meine Neugier stärker und beherrschte mich schließlich. Ich trug eine mit einem Netz versehene Handtasche bei mir, die repariert werden musste, und bat sie, die zerbrochenen Maschen einzusammeln, während ich darauf wartete.

„Ich werde Ihrer Zofe sagen, dass sie Ihren Arbeitskasten bringen soll", sagte ich, ging zur Tür und rief den Diener. „Ihre Herrin hat einen roten Arbeitskasten aus Marokkoleder ", sagte ich zu ihr, als sie auf meine Aufforderung antwortete.

„Ja, Sir", antwortete sie.

"Wo ist es?"

„In ihrem Schlafzimmer", sagte sie.

„Mrs. Forbes hätte es gerne hierher gebracht." Ich ging zurück ins Zimmer. Mrs. Forbes war totenbleich geworden, aber ihre Augen wirkten mürrisch und ihre Zähne waren unter ihren Lippen zusammengebissen, ein Ausdruck von Sturheit. Das Dienstmädchen brachte die Arbeitskiste. Ich ging mit der Kiste in den Händen zu dem Sofa, auf dem sie saß.

„Erinnern Sie sich an dieses Zeichen?", fragte ich. „Ich glaube, keiner von uns kann es je vergessen."

Sie antwortete nicht mit Worten, aber in ihren blauen Augen lag ein sehr intelligentes Funkeln.

„Nun", fuhr ich leise fort, „ich habe deinem Vater versprochen, dir zur Seite zu stehen, und ich bin kein Mann, der ein Versprechen vergisst. Aber du musst mir die ganze Wahrheit sagen."

Ich war gezwungen, sie zu überzeugen und sie eine Zeit lang zu drängen. Ich muss gestehen, dass ich so weit ging, sie daran zu erinnern, dass es in Alexandria einen englischen Konsul gab, an den ich mich wenden konnte. Schließlich öffnete sie ihre störrischen Lippen und die ganze Geschichte kam heraus, vermischt mit Schluchzen und Tränenschauern.

Sie sagte, sie sei in Alfred verliebt gewesen, und sie seien zu arm, um zu heiraten, und Papa wolle davon nichts wissen. Sie habe immer Geldmangel gehabt, sie sei so klein gehalten worden, und sie hätten ihr eine große Summe versprochen – eine gewaltige Summe – fünfhundert Pfund.

„Aber wer hat Sie bestochen?", fragte ich.

Ein ausländischer Herr, den sie in London kennengelernt hatte, namens Monsieur Bonnard. Es war ein französischer Name, aber sie war sich nicht sicher, ob er Franzose war. Er erzählte ihr davon, dass ihr Vater als Landvermesser beim Postamt arbeitete, und stellte ihr eine Menge Fragen. Ein paar Wochen später traf sie ihn zufällig in ihrer eigenen Stadt, sie und Mr. Forbes; und Alfred hatten ein langes Gespräch unter vier Augen mit ihm, und sie kamen zu ihr und sagten ihr, sie könne ihnen sehr helfen. Sie fragten sie, ob sie mutig genug wäre, eine kleine rote Schachtel aus dem Wanderpostamt mitzunehmen, die nichts als Papiere enthielt. Nach einer Weile willigte sie ein. Nachdem sie unter Zwang so viel gestanden hatte, schien Mrs. Forbes Freude an der Erzählung zu haben und fuhr flüssig fort.

„Wir brauchten die Unterschrift von Papa für die Bestellung und wussten nicht, wie wir sie bekommen sollten. Zum Glück hatte er einen Gichtanfall und war sehr verdrießlich; und ich musste ihm viele offizielle Papiere vorlesen, und dann unterschrieb er sie. Eines der Papiere habe ich zweimal gelesen und den Befehl nach der zweiten Lesung an seinen Platz geschoben.

Ich dachte, ich hätte vor Angst sterben sollen; aber gerade in diesem Moment hatte er große Schmerzen und war froh, seine Arbeit hinter sich gebracht zu haben. Ich entschuldigte mich, dass ich meine Tante in Beckby besuchen wollte , aber anstatt direkt dorthin zu fahren, schafften wir es, ein oder zwei Minuten vor dem Eintreffen des Postzugs am Bahnhof in Eaton zu sein. Ich blieb vor der Bahnhofstür stehen, bis wir den Pfiff hörten, und in diesem Moment kam der Postbote die Straße entlanggerannt, und ich folgte ihm direkt durch das Buchungsbüro und bat ihn, Ihnen die Bestellung zu geben, die ich ihm in die Hand drückte. Er sah mich kaum. Ich habe gerade einen Blick auf Monsieur Bonnards Gesicht durch das Fenster des Abteils neben dem Lieferwagen erhascht, als Alfred gegangen war. Sie hatten mir versprochen, dass der Zug in Camden-Town halten würde, wenn ich nur bis dahin Ihre Aufmerksamkeit fesseln könnte. Du weißt, wie es mir gelungen ist.“

„Aber wie haben Sie die Kiste entsorgt?“ Ich fragte. „Du hättest es nicht verbergen können; da bin ich mir sicher.“

„Ach!“, sagte sie, „nichts war einfacher. Monsieur Bonnard hatte mir den Wagen beschrieben, und Sie erinnern sich, dass ich die Kiste am Ende des Tresens abstellte, nahe der Ecke, in der ich mich an jedem Bahnhof versteckte. Es gab eine Tür mit einem Fenster darin, und ich fragte, ob ich das Fenster öffnen könnte, da es mir im Wagen zu warm war. Ich glaube, Monsieur Bonnard hätte es mir abnehmen können, indem er sich nur durch sein Fenster gelehnt hätte, aber er zog es vor, hinauszutreten und es mir aus der Hand zu nehmen, gerade als der Zug Watford verließ – auf der anderen Seite der Waggons, verstehen Sie. Es war der letzte Bahnhof, und der Zug kam in Camden-Town zum Stehen. Schließlich war die Kiste nicht länger als zwanzig Minuten außer Sicht, bevor Sie sie verpassten. Monsieur Bonnard und ich eilten aus dem Bahnhof, und Alfred folgte uns. Die Kiste wurde aufgebrochen – das Schloss wurde nie repariert, denn es war ein eigenartiges – und Monsieur Bonnard nahm die Papiere in Besitz. Er ließ die Kiste bei mir, nachdem er eine Rolle Geldscheine hineingelegt hatte. Alfred und ich heirateten am nächsten Morgen und ich ging zurück zu meiner Tante. Aber wir erzählten Papa drei oder vier Monate lang nichts von unserer Hochzeit. Das ist die Geschichte meiner roten Saffian -Arbeitsbox.“

Sie lächelte mit der aufreizenden Fröhlichkeit eines schelmischen Kindes. Es gab noch einen Punkt, bei dem meine Neugier nicht befriedigt war.

„Wussten Sie, worum es in den Depeschen ging?“, fragte ich.

„O nein!“, antwortete sie. „Ich habe nie das Geringste von Politik verstanden. Ich wusste nichts darüber. Monsieur sagte kein Wort; er sah sich die Papiere nicht einmal an, als wir da waren. Ich hätte nie, nie einen eingeschriebenen Brief oder irgendetwas mit Geld darin angenommen, wissen Sie. Aber all diese Papiere konnten ganz leicht neu geschrieben werden. Sie dürfen mich nicht für einen Dieb halten, Mr. Wilcox; in den Papieren war nichts Wertvolles."

„Sie waren Ihnen fünfhundert Pfund wert", sagte ich. „Haben Sie Bonnard je wiedergesehen?"

„Nie wieder", antwortete sie. „Er sagte, er würde in sein Heimatland zurückkehren. Ich glaube nicht, dass Bonnard sein richtiger Name war."

Höchstwahrscheinlich nicht, dachte ich, sagte aber nichts mehr zu Mrs. Forbes. Wieder einmal war ich in große Verlegenheit über diese Angelegenheit verwickelt. Es war offensichtlich meine Pflicht, die Entdeckung dem Hauptquartier zu melden, aber ich schreckte davor zurück. Einer der Hauptschuldigen war bereits einem anderen Urteil als dem des Menschen überlassen worden; mehrere Jahre hatten alle Spuren von Monsieur Bonnard verwischt, und das einzige Opfer der Justiz würde dieser arme kleine Betrogene der beiden größeren Verbrecher sein. Schließlich kam ich zu dem Entschluss, alle Einzelheiten an Mr. Huntingdon selbst zu schicken, und ich schrieb sie ihm, ohne Bemerkung oder Kommentar.

Die Antwort, die Mrs. Forbes und ich in Alexandria erhielten, war die Ankündigung von Mr. Huntingdons plötzlichem Tod an einer Herzkrankheit an dem Tag, an dem er meiner Schätzung nach in den Besitz meiner Mitteilung gelangen würde. Mrs. Forbes wurde erneut von scheinbar herzzerreißender Trauer und Reue überwältigt. Das ihr verbleibende Einkommen betrug etwas weniger als hundert Pfund pro Jahr. Der Postsekretär, der ein persönlicher Freund des verstorbenen Herrn gewesen war, war sein alleiniger Testamentsvollstrecker; und ich erhielt einen Brief von ihm, der einen für Mrs. Forbes enthielt, in dem er ihr in nicht missverstandenen Worten empfahl, sich für einen Aufenthalt im Ausland zu entscheiden und nicht nach England zurückzukehren. Sie bildete sich ein, dass ihr die Abgeschiedenheit und Ruhe eines Klosters gefallen würde; und ich traf Vorkehrungen dafür, dass sie in Malta einreisen konnte, wo sie immer noch unter britischem Schutz stehen würde. Ich selbst verließ Alexandria bei der Ankunft eines anderen Paketagenten; und bei meiner Rückkehr nach London hatte ich ein privates Gespräch mit der Sekretärin. Ich stellte fest, dass es nicht nötig war, ihn über die Umstände zu informieren, die ich Ihnen mitgeteilt habe, da er alle Papiere von Herrn Huntingdon in Besitz genommen hatte. In Anbetracht seiner alten Freundschaft und der Flucht derjenigen, die die Bestrafung am meisten verdienten, war er zu dem Schluss gekommen, dass es durchaus gut sei, die Vergangenheit Vergangenheit sein zu lassen.

Zum Abschluss des Interviews übermittelte ich eine Botschaft, die mir Frau Forbes nachdrücklich anvertraut hatte.

„Mrs. Forbes wollte, dass ich Ihnen klarmache“, sagte ich, „dass weder sie noch Mr. Forbes sich dieses Vergehens schuldig gemacht hätten , wenn sie nicht sehr ineinander verliebt und in großer Geldnot gewesen wären.“

„Ah!“, antwortete der Sekretär lächelnd, „wenn Kleopatras Nase kürzer gewesen wäre, wäre das Schicksal der Welt anders verlaufen!“

Nr. 5 NEBENLINIE
DER LOKALER

Sein Name, Sir, war Matthew Price, meiner ist Benjamin Hardy. Wir wurden im Abstand von wenigen Tagen geboren, wuchsen im selben Dorf auf und gingen auf dieselbe Schule. Ich kann mich nicht an eine Zeit erinnern, in der wir nicht enge Freunde waren. Schon als Jungen wussten wir nie, was es heißt, zu streiten. Wir hatten keinen Gedanken, keinen Besitz, den wir nicht gemeinsam hatten. Wir hätten einander furchtlos bis zum Tod zur Seite gestanden. Es war eine Freundschaft, wie man sie manchmal in Büchern liest: fest und fest wie die großen Tors auf unseren heimatlichen Heidelandschaften, treu wie die Sonne am Himmel.

Der Name unseres Dorfes war Chadleigh . Hoch über den Weideflächen, die sich wie ein endloser grüner See zu unseren Füßen erstreckten und am entferntesten Horizont in Nebel zerflossen, lag es, ein winziges, aus Stein gebautes Dörfchen, in einer geschützten Senke etwa auf halbem Weg zwischen der Ebene und dem Plateau. Über uns, Grat um Grat, Hang um Hang, erstreckte sich das bergige Moorland, größtenteils kahl und öde, hier und da mit einem Fleck kultivierten Feldes oder einer widerstandsfähigen Pflanzung, und am höchsten von allen gekrönt von Massen riesiger grauer Felsen, schroff, isoliert, eisgrau und älter als die Sintflut. Dies waren die Tors – Druidentor, Königstor, Burgtor und dergleichen; heilige Orte, wie ich gehört habe, in alten Zeiten, wo Krönungen , Verbrennungen, Menschenopfer und alle Arten blutiger heidnischer Riten durchgeführt wurden. Auch Knochen hatte man dort gefunden, und Pfeilspitzen und Schmuck aus Gold und Glas. Ich hatte in jenen Kindheitstagen eine vage Ehrfurcht vor den Toren und wäre nach Einbruch der Dunkelheit nicht einmal für das schwerste Bestechungsgeld in ihre Nähe gegangen.

Ich habe gesagt, dass wir im selben Dorf geboren wurden. Er war der Sohn eines Kleinbauern namens William Price und der Älteste einer siebenköpfigen Familie; ich war das einzige Kind von Ephraim Hardy, dem Schmied aus Chadleigh – einem in dieser Gegend wohlbekannten Mann, dessen Andenken bis heute unvergessen ist. Insofern ein Bauer ein bedeutenderer Mann als ein Schmied sein soll, könnte man sagen, dass Mats Vater eine bessere Stellung hatte als meiner; aber William Price war mit seinem kleinen Betrieb und seinen sieben Söhnen tatsächlich so arm wie so mancher Tagelöhner ; während der Schmied, wohlhabend, geschäftig, beliebt und freigebig, eine gewisse Bedeutung im Ort hatte. All dies hatte jedoch nichts mit Mat und mir zu tun. Keinem von uns fiel auf, dass seine Jacke bis zu den Ellbogen heraushing oder dass unsere gemeinsamen Gelder vollständig aus meiner Tasche kamen. Es genügte uns, dass wir auf derselben Schulbank saßen, unsere Aufgaben aus demselben Lehrbuch lernten, die

Schlachten des anderen schlugen, die Fehler des anderen verbargen, fischten, Nüsse sammelten, die Schule schwänzten, gemeinsam Obstgärten und Vogelnester ausraubten und jede halbe Stunde, ob genehmigt oder gestohlen, in Gesellschaft des anderen verbrachten. Es war eine glückliche Zeit, aber sie konnte nicht ewig so weitergehen . Mein Vater war wohlhabend und beschloss, mir in der Welt den Weg zu weisen. Ich musste mehr wissen und es besser machen als er. Die Schmiede war nicht gut genug, die kleine Welt von Chadleigh nicht weit genug für mich. So kam es, dass ich noch immer die Tasche schwang, während Mat am Pflug pfiff, und dass wir schließlich, als mein künftiger Weg vorgezeichnet war, für immer getrennt waren, wie es uns damals schien. Denn als Sohn eines Schmiedes gefielen mir Hochöfen und Schmieden in irgendeiner Form am besten, und ich entschied mich, Ingenieur zu werden. Also gab mich mein Vater bald darauf bei einem Eisenhüttenmeister in Birmingham in die Lehre. Und nachdem ich Mat, Chadleigh und den alten grauen Tors, in deren Schatten ich mein ganzes Leben verbracht hatte, Lebewohl gesagt hatte, wandte ich mich nach Norden und ging hinüber ins „Black Country".

Ich will mich bei diesem Teil meiner Geschichte nicht aufhalten. Wie ich die Dauer meiner Lehrzeit berechnete; wie ich, als ich meine volle Lehrzeit abgeleistet hatte und ein gelernter Arbeiter geworden war, Mat vom Pflug holte und ihn ins Black Country brachte, wobei ich mit ihm Unterkunft, Lohn, Erfahrung teilte – kurz gesagt, alles, was ich zu geben hatte; wie er, von Natur aus lernfreudig und voller stiller Energie, sich Schritt für Schritt hocharbeitete und schließlich zu einem „ersten Handwerker" in seinem eigenen Bereich wurde; wie während all dieser Jahre der Veränderung, der Prüfungen und der Anstrengung die alte Jungenzuneigung nie schwankte oder schwächer wurde, sondern weiterlebte, mit unserem Wachstum wuchs und mit unserer Stärke stärker wurde – das sind Tatsachen, die ich hier nur skizzieren muss.

Ungefähr zu dieser Zeit – ich erinnere mich daran, dass ich von den Tagen spreche, als Mat und ich noch knapp über dreißig waren – schloss unsere Firma einen Vertrag über die Lieferung von sechs erstklassigen Lokomotiven für den Betrieb auf der neuen Strecke ab, die damals im Bau war Bau, zwischen Turin und Genua. Es war die erste italienische Bestellung, die wir angenommen haben. Wir hatten Geschäfte mit Frankreich, Holland, Belgien, Deutschland; aber niemals mit Italien. Die Verbindung war daher neu und wertvoll – umso wertvoller, als unsere transalpinen Nachbarn erst vor kurzem mit dem Bau der Eisenstraßen begonnen hatten und im weiteren Verlauf mit Sicherheit mehr von unserer guten englischen Arbeit benötigen würden. Also ging die Birminghamer Firma mit Entschlossenheit an den Vertrag heran, verlängerte unsere Arbeitszeiten, erhöhte unsere Löhne, nahm neue Hände an und beschloss, sich, wenn Energie und Schnelligkeit dazu in der Lage wären, an die Spitze des italienischen Arbeitsmarktes zu setzen , und bleib dort. Sie haben den Erfolg verdient und erreicht. Die sechs Lokomotiven wurden nicht nur pünktlich geliefert, sondern auch mit einer Pünktlichkeit verschifft, versandt und geliefert, die unseren piemontesischen Empfänger ziemlich erstaunte. Ich war sicher nicht wenig stolz, als mir die Aufgabe übertragen wurde, den Transport der Motoren zu leiten. Da mir ein paar Assistenten zur Verfügung standen, sorgte ich dafür, dass Mat einer von ihnen sein sollte; und so genossen wir gemeinsam den ersten tollen Urlaub unseres Lebens.

Es war eine wunderbare Abwechslung für zwei Mitarbeiter aus Birmingham, die frisch aus dem Black Country kamen. Die Märchenstadt mit ihrem sichelförmigen Hintergrund aus Alpen; der Hafen war voller seltsamer Schiffe; der wunderbar blaue Himmel und das noch blauere Meer; die bemalten Häuser an den Kais; die malerische Kathedrale mit ihrer Fassade aus schwarzem und weißem Marmor; die Straße der Juweliere , wie ein Basar aus Tausendundeiner Nacht; die Straße der Paläste mit ihren maurischen Innenhöfen, ihren Brunnen und Orangenbäumen; die Frauen verschleiert wie Bräute; die Galeerensklaven wurden zu zweit angekettet; die Prozessionen der Priester und Brüder; der ewige Klang der Glocken; das Geplapper einer fremden Zunge; die einzigartige Leichtigkeit und Helligkeit des Klimas – alles in allem eine solche Kombination von Wundern, dass wir am ersten Tag in einer Art verwirrtem Traum umherwanderten, wie Kinder auf einem Jahrmarkt. Bevor diese Woche zu Ende ging, hatten wir, verführt von der Schönheit des Ortes und der großzügigen Bezahlung, vereinbart, bei der Turiner und Genua-Eisenbahngesellschaft zu arbeiten und Birmingham für immer den Rücken zu kehren .

Dann begann ein neues Leben – ein so aktives und gesundes Leben, so durchdrungen von frischer Luft und Sonnenschein, dass wir uns manchmal wunderten , wie wir die Düsternis des Black Country hätten ertragen können. Wir waren ständig auf und ab der Strecke: mal in Genua, mal in Turin, machten Probefahrten mit den Lokomotiven und stellten unsere alten Erfahrungen in den Dienst unserer neuen Arbeitgeber.

In der Zwischenzeit machten wir Genua zu unserem Hauptquartier und mieteten ein paar Zimmer über einem kleinen Laden in einer Seitenstraße, die zu den Kais hinabführte. Eine so belebte kleine Straße – so steil und gewunden, dass kein Fahrzeug sie passieren konnte, und so eng, dass der Himmel darüber wie ein bloßer Streifen tiefblauen Bandes aussah! Jedes Haus darin war jedoch ein Laden, wo die Waren auf den Bürgersteig reichten, vor der Tür gestapelt waren oder wie Wandteppiche von den Balkonen hingen; und den ganzen Tag lang, von morgens bis abends, strömte ein unaufhörlicher Strom von Passanten zwischen dem Hafen und dem oberen Viertel der Stadt auf und ab.

Unsere Wirtin war die Witwe eines Silberschmiedes und lebte vom Verkauf von Filigranschmuck, billigem Schmuck , Kämmen, Fächern und Spielsachen aus Elfenbein und Jett. Sie hatte eine einzige Tochter namens Gianetta, die in dem Laden arbeitete und schlicht die schönste Frau war, die ich je gesehen habe. Wenn ich auf diesen mühevollen Abgrund der Jahre zurückblicke und mir ihr Bild mit all der Lebendigkeit des Lebens vor Augen führe (wie ich es kann und tue), kann ich selbst jetzt keinen Makel in ihrer Schönheit erkennen. Ich versuche nicht, sie zu beschreiben. Ich glaube nicht, dass es einen lebenden Dichter gibt, der die Worte dafür finden könnte; aber ich sah einmal ein Bild, das ihr ein wenig ähnelte (nicht halb so schön, aber dennoch ähnlich), und soweit ich weiß, hängt dieses Bild noch immer dort, wo ich es zum letzten Mal gesehen habe – an den Wänden des Louvre. Es stellte eine Frau mit braunen Augen und goldenem Haar dar, die über ihre Schulter in einen runden Spiegel blickte, den ein bärtiger Mann im Hintergrund hielt. Auf diesem Mann, so begriff ich damals, hatte der Künstler sein eigenes Porträt gemalt; in ihr das Porträt der Frau, die er liebte. Kein Bild, das ich je gesehen habe, war auch nur halb so schön, und doch war es nicht würdig, in einem Atemzug mit Gianetta Coneglia genannt zu werden .

Sie können sicher sein, dass der Witwenladen keine Kunden brauchte. Ganz Genua wusste, wie schön das Gesicht hinter diesem schmuddeligen kleinen Tresen war; und Gianetta, so kokett sie auch war, hatte mehr Liebhaber, als sie sich erinnern wollte, nicht einmal dem Namen nach. Sanft und einfach, reich und arm, vom Matrosen mit der roten Mütze, der seine Ohrringe oder sein Amulett kaufte, bis zum Adligen, der achtlos die Hälfte der Filigranarbeiten im Fenster kaufte, behandelte sie sie alle gleich – ermutigte sie, lachte über sie, führte sie weiter und weiter schaltete sie nach Belieben aus. Sie hatte nicht mehr Herz als eine Marmorstatue; wie Mat und ich nach und nach zu unserem bitteren Preis herausfanden.

Ich kann bis heute nicht sagen, wie es dazu kam und was mich zuerst auf die Idee brachte, wie es mit uns beiden weiterging; Doch lange bevor der Herbst zu Ende ging, war zwischen meinem Freund und mir eine Kälte entstanden. Es war nichts, was man hätte in Worte fassen können. Es gab nichts, was einer von uns hätte erklären oder rechtfertigen können, um sein Leben zu retten. Wir wohnten zusammen, aßen zusammen, arbeiteten zusammen, genau wie zuvor; wir machten sogar unseren langen Abendspaziergang zusammen, als die Arbeit des Tages beendet war; und außer vielleicht, dass wir stiller waren als früher, hätte kein bloßer Beobachter einen Schatten der Veränderung entdecken können. Doch da war es, still und subtil, und vergrößerte jeden Tag die Kluft zwischen uns.

Es war nicht seine Schuld. Er war zu ehrlich und gutherzig, um freiwillig einen solchen Zustand zwischen uns herbeigeführt zu haben. Ich glaube auch nicht – so feurig mein Wesen auch ist –, dass es meine Schuld war. Es war alles ihre Schuld – ihre Schuld von Anfang bis Ende – die Sünde, die Schande und der Kummer.

Wenn sie einer von uns eine faire und offene Vorliebe gezeigt hätte, hätte es nicht wirklich geschadet. Ich hätte mir jede Einschränkung auferlegt und, weiß Gott, jedes Leid ertragen, um Mat wirklich glücklich zu sehen. Ich weiß, dass er dasselbe und mehr für mich getan hätte, wenn er gekonnt hätte. Aber Gianetta kümmerte sich keinen Sou um uns. Sie hatte nie vor, zwischen uns zu wählen. Es befriedigte ihre Eitelkeit, uns zu trennen; es amüsierte sie, mit uns zu spielen. Es würde meine Kräfte übersteigen, zu erzählen, wie sie es durch tausend unmerkliche Schattierungen von Koketterie – durch einen verweilenden Blick, das Ersetzen eines Wortes, das Aufblitzen eines Lächelns – fertigbrachte, uns den Kopf zu verdrehen, unsere Herzen zu quälen und uns dazu zu bringen, sie zu lieben. Sie täuschte uns beide. Sie tröstete uns beide mit Hoffnung; sie machte uns verrückt vor Eifersucht; sie zermalmte uns mit Verzweiflung. Als ich meinerseits plötzlich zu spüren schien, wie verheerend unser Weg war, und ich sah, wie die wahrste Freundschaft, die je zwei Leben miteinander verbunden hatte, ins Verderben trieb, fragte ich mich, ob irgendeine Frau auf der Welt so viel wert war wie Mat für mich und ich für ihn. Aber das kam nicht oft vor. Ich war eher bereit, die Augen vor der Wahrheit zu verschließen, als ihr ins Auge zu sehen, und so lebte ich, willentlich , in einem Traum weiter.

So verging der Herbst und der Winter kam – der seltsame, tückische genuesische Winter, grün von Oliven und Steineichen, strahlend von Sonnenschein und bitter von Sturm. Dennoch blieben Mat und ich, im Herzen Rivalen und oberflächlich gesehen Freunde, in unserer Unterkunft im Vicolo Balba. Dennoch fesselte uns Gianetta mit ihren verhängnisvollen List und ihrer noch verhängnisvolleren Schönheit. Schließlich kam der Tag, an dem ich das Gefühl hatte, dass ich das schreckliche Elend und die Spannung nicht länger ertragen konnte. Ich schwor mir, dass die Sonne nicht untergehen sollte, bevor ich mein Urteil kannte. Sie muss sich zwischen uns entscheiden. Sie muss mich entweder nehmen oder gehen lassen. Ich war rücksichtslos. Ich war verzweifelt. Ich war entschlossen, das Schlimmste oder das Beste zu erfahren. Im schlimmsten Fall würde ich Genua, allen Bestrebungen und Zielen meines vergangenen Lebens sofort den Rücken kehren und die Welt neu beginnen. Das erzählte ich ihr leidenschaftlich und streng, als ich an einem trostlosen Dezembermorgen vor ihr in dem kleinen Salon im hinteren Teil des Ladens stand.

„Wenn es Mat ist, der dir am meisten bedeutet“, sagte ich, „sag es mir in einem Wort, und ich werde dich nie wieder belästigen. Er ist deine Liebe mehr wert. Ich bin eifersüchtig und anspruchsvoll; er ist so vertrauensvoll und selbstlos wie eine Frau. Sprich, Gianetta; soll ich dir für immer und ewig

Lebewohl sagen, oder soll ich meiner Mutter in England schreiben und sie bitten, zu Gott zu beten, dass er die Frau segne, die versprochen hat, meine Frau zu werden?"

„Sie vertreten die Sache Ihres Freundes gut", antwortete sie hochmütig. „Matteo sollte dankbar sein. Das ist mehr, als er jemals für Sie getan hat."

„Geben Sie mir um Himmels willen meine Antwort", rief ich aus, „und lassen Sie mich gehen!"

„Es steht Ihnen frei zu gehen oder zu bleiben, Signor Inglese", antwortete sie. „Ich bin nicht Ihr Gefängniswärter."

„Soll ich dich verlassen?"

„Beata Madre! Ich nicht."

„Willst du mich heiraten, wenn ich bleibe?"

Sie lachte laut – so ein fröhliches, spöttisches, musikalisches Lachen, wie ein Glockenspiel aus silbernen Glocken!

„Du verlangst zu viel", sagte sie.

fünf oder sechs Monaten erhoffen ließen !"

„Genau das sagt Matteo. Wie ermüdend ihr beide seid!"

„Oh, Gianetta", sagte ich leidenschaftlich, „sei einen Moment ernst! Das stimmt, ich bin ein grober Kerl – weder halb gut noch klug genug für dich; aber ich liebe dich von ganzem Herzen, und ein Kaiser könnte nicht mehr tun."

„Ich bin froh darüber", antwortete sie; „Ich möchte nicht, dass du mich weniger liebst."

„Dann kannst du mich doch nicht unglücklich machen wollen! Versprichst du es mir?"

„Ich verspreche nichts", sagte sie mit einem weiteren Gelächter; „außer dass ich Matteo nicht heiraten werde!"

Nur dass sie Matteo nicht heiraten würde! Nur das. Für mich selbst gibt es kein Wort der Hoffnung. Nichts als die Verurteilung meines Freundes. Wenn ich könnte, würde mir das vielleicht Trost, selbstsüchtigen Triumph und eine Art niederträchtiges Selbstvertrauen verschaffen. Und das tat ich zu meiner Schande. Ich begriff die vergebliche Ermutigung und was für ein Idiot ich war! lass sie mich wieder unbeantwortet vertrösten. Von diesem Tag an gab ich alle Anstrengungen zur Selbstbeherrschung auf und ließ mich blind weitertreiben – in die Zerstörung

Schließlich wurde es zwischen Mat und mir so schlimm, dass es schien, als stünde ein offener Bruch bevor. Wir gingen einander aus dem Weg, wechselten kaum ein Dutzend Sätze am Tag und fielen von all unseren alten, vertrauten Gewohnheiten ab. Zu dieser Zeit – ich schaudere, wenn ich mich daran erinnere ! – gab es Momente, in denen ich das Gefühl hatte, ihn zu hassen.

So vergingen ein weiterer Monat oder fünf Wochen, während die Schwierigkeiten zwischen uns von Tag zu Tag größer und größer wurden; und der Februar kam; und mit dem Februar der Karneval. In Genua sagte man, es sei ein besonders langweiliger Karneval gewesen; und so musste es auch gewesen sein; denn abgesehen von ein oder zwei Flaggen, die in einigen der Hauptstraßen hingen, und einer Art Festtagsstimmung bei den Frauen gab es keine besonderen Hinweise auf die Jahreszeit. Ich glaube, es war der zweite Tag, als ich, nachdem ich den ganzen Morgen auf der Bahn gestanden hatte, bei Einbruch der Dunkelheit nach Genua zurückkehrte und zu meiner Überraschung Mat Price auf dem Bahnsteig vorfand. Er kam auf mich zu und legte seine Hand auf meinen Arm.

„Sie kommen zu spät", sagte er. „Ich warte schon seit einer Dreiviertelstunde auf Sie. Wollen wir heute zusammen essen?"

Impulsiv wie ich bin, weckte dieser Beweis meiner Güte sofort bei mir bessere Gefühle.

„Von ganzem Herzen, Mat", antwortete ich. „Sollen wir zu Gozzoli gehen?"

„Nein, nein", sagte er hastig. „Ein ruhigerer Ort – ein Ort, an dem wir reden können. Ich muss dir etwas sagen."

Jetzt fiel mir auf, dass er blass und aufgeregt aussah, und ein unbehagliches Gefühl der Besorgnis beschlich mich. Wir entschieden uns für das „Pescatore", eine etwas abgelegene Trattoria in der Nähe des Molo Vecchio. Dort, in einem schmuddeligen Salon, der hauptsächlich von Seeleuten besucht wurde und nach Tabak duftete, bestellten wir unser einfaches Abendessen. Mat schluckte kaum einen Bissen, verlangte aber gleich darauf nach einer Flasche sizilianischen Weins und trank gierig.

„Also, Mat", sagte ich, als das letzte Gericht auf den Tisch gestellt wurde, „was gibt es Neues?"

"Schlecht."

„Das habe ich deinem Gesicht entnommen."

„Schlecht für dich – schlecht für mich. Gianetta."

„Was ist mit Gianetta?"

Er fuhr sich nervös mit der Hand über die Lippen.

„Gianetta ist falsch – schlimmer als falsch", sagte er mit heiserer Stimme. „Sie schätzt das Herz eines ehrlichen Mannes genauso wie eine Blume für ihr Haar – sie trägt sie einen Tag lang und wirft sie dann für immer beiseite. Sie hat uns beiden grausames Unrecht getan."

"Inwiefern? Du lieber Himmel, sprich laut!"

„Auf die schlimmste Art und Weise, wie eine Frau denjenigen Unrecht tun kann, die sie lieben. Sie hat sich an den Marchese Loredano verkauft ."

Das Blut schoss mir in einem brennenden Strom in den Kopf und ins Gesicht. Ich konnte kaum etwas sehen und traute mir nicht, zu sprechen.

„Ich sah sie zur Kathedrale gehen", fuhr er hastig fort. „Es war vor etwa drei Stunden. Ich dachte, sie würde vielleicht zur Beichte gehen, also blieb ich zurück und folgte ihr in einiger Entfernung. Als sie jedoch hineinkam, ging sie geradewegs zur Rückseite der Kanzel, wo dieser Mann auf sie wartete. Sie erinnern sich an ihn – ein alter Mann, der vor ein oder zwei Monaten in dem Laden herumspukt. Als ich sah, wie tief sie in ein Gespräch vertieft waren und wie sie dicht unter der Kanzel standen, mit dem Rücken zur Kirche, geriet ich in einen Wutanfall und ging geradewegs den Gang hinauf, in der Absicht, etwas zu sagen oder zu tun: ich wusste kaum, was; aber auf jeden Fall, sie bei mir unterzuhaken und sie nach Hause zu bringen. Als ich jedoch bis auf wenige Schritte herangekommen war und nur eine große Säule zwischen mir und ihnen war, hielt ich inne. Sie konnten mich nicht sehen, und ich sie auch nicht; aber ich konnte ihre Stimmen deutlich hören und – und ich lauschte."

„Nun, und Sie haben gehört –"

„Die Bedingungen eines schändlichen Handels – Schönheit auf der einen Seite, Gold auf der anderen; so viele tausend Francs im Jahr; eine Villa in der Nähe von Neapel – Pfui! Mir wird schlecht, wenn ich das wiederhole."

Und schaudernd schenkte er sich noch ein Glas Wein ein und trank es in einem Zug.

„Danach", sagte er plötzlich, „unternahm ich keinen Versuch mehr, sie wegzubringen. Die ganze Sache war so kaltblütig, so vorsätzlich, so schändlich, dass ich das Gefühl hatte, ich müsse sie nur aus meinem Gedächtnis löschen und sie ihrem Schicksal überlassen. Ich schlich mich aus der Kathedrale und ging eine Ewigkeit hier am Meer umher, während ich versuchte, meine Gedanken zu ordnen. Dann erinnerte ich mich an dich, Ben, und die Erinnerung daran, wie dieser Lüstling zwischen uns gekommen war und unser Leben zerstört hatte, machte mich wahnsinnig. Also ging ich zum Bahnhof und wartete auf dich. Ich hatte das Gefühl, du solltest alles wissen; und – und ich dachte, vielleicht könnten wir zusammen nach England zurückkehren."

„Der Marchese Loredano !"

Das war alles, was ich sagen konnte; alles, was ich denken konnte. Wie Mat gerade von sich selbst gesagt hatte, fühlte ich mich „wie jemand, der fassungslos ist".

„Es gibt noch etwas, was ich Ihnen genauso gut sagen kann ", fügte er widerstrebend hinzu, „und sei es nur, um Ihnen zu zeigen, wie falsch eine Frau sein kann. Wir – wir hätten nächsten Monat heiraten sollen."

" *Wir*? WHO? Wie meinst du das?"

„Ich meine, wir hätten heiraten sollen – Gianetta und ich."

Ein plötzlicher Sturm der Wut, der Verachtung und der Ungläubigkeit erfasste mich bei diesen Worten und schien meine Besinnung zu rauben.

" *Du* !" Ich weinte. „Gianetta, heirate dich! Ich glaube es nicht."

„Ich wünschte, ich hätte es nicht geglaubt", antwortete er und blickte auf, als wäre er über meine Heftigkeit verwirrt. „Aber sie hat es mir versprochen; und ich dachte, als sie es versprochen hatte, meinte sie es ernst."

„Sie hat mir vor Wochen gesagt, dass sie niemals deine Frau sein würde!"

Seine Farbe stieg, seine Stirn verdunkelte sich; Als seine Antwort kam, war es genauso ruhig wie beim letzten Mal.

"In der Tat!" er sagte. „Dann ist es nur noch eine Gemeinheit mehr. Sie sagte mir, dass sie dich abgelehnt hatte; und deshalb haben wir unsere Verlobung geheim gehalten."

„Sag die Wahrheit, Mat Price", sagte ich, fast außer mir vor Misstrauen. „Gestehen Sie, dass jedes Wort davon falsch ist! Gestehen Sie, dass Gianetta nicht auf Sie hören wird und dass Sie Angst haben, dass ich dort Erfolg haben könnte, wo Sie versagt haben. Wie ich es vielleicht tun werde – wie ich es vielleicht doch tun werde!"

"Bist du verrückt?" er rief aus. "Wie meinst du das?"

„Dass ich glaube, es ist nur ein Trick, um mich nach England zu locken – dass ich deiner Geschichte keine Silbe glaube. Du bist ein Lügner, und ich hasse dich!"

Er stand auf, legte eine Hand auf die Stuhllehne und sah mir streng ins Gesicht.

„Wenn Sie nicht Benjamin Hardy wären“, sagte er mit Nachdruck, „würde ich Sie fast totprügeln.“

Die Worte waren kaum über seine Lippen gekommen, als ich auf ihn losging. Ich konnte mich nie genau erinnern, was folgte. Ein Fluch – ein Schlag – ein Kampf – ein Moment blinder Wut – ein Schrei – ein Sprachgewirr – ein Kreis fremder Gesichter. Dann sehe ich Mat in den Armen eines Passanten liegen; ich selbst zittere und bin verwirrt – das Messer fällt mir aus der Hand; Blut auf dem Boden; Blut an meinen Händen; Blut auf seinem Hemd. Und dann höre ich diese schrecklichen Worte:

„Oh Ben, du hast mich ermordet!“

Er starb nicht – zumindest nicht dort und dann. Er wurde ins nächste Krankenhaus gebracht und lag einige Wochen zwischen Leben und Tod. Sein Fall, so hieß es, sei schwierig und gefährlich. Das Messer war direkt unter dem Schlüsselbein eingedrungen und bis in die Lunge vorgedrungen. Er durfte nicht sprechen oder sich umdrehen – kaum frei atmen. Er durfte nicht einmal den Kopf heben, um zu trinken. Ich saß Tag und Nacht während dieser ganzen traurigen Zeit bei ihm. Ich gab meine Stelle bei der Eisenbahn auf; ich verließ meine Unterkunft im Vicolo Balba; ich versuchte zu vergessen, dass eine Frau wie Gianetta Coneglia jemals geatmet hatte. Ich lebte nur für Mat; und er versuchte, glaube ich, mehr für mich als für sich selbst zu leben. So kam in den bitteren, stillen Stunden des Schmerzes und der Reue, als keine Hand außer meiner seine Lippen berührte oder sein Kissen glättete, die alte Freundschaft mit noch mehr als ihrem alten Vertrauen und ihrer Treue zurück. Er vergab mir voll und ganz und ich hätte dankbar mein Leben für ihn gegeben.

Schließlich kam eines schönen Frühlingsmorgens, als er als genesend entlassen wurde und durch das Krankenhaustor wankte, auf meinen Arm gestützt und schwach wie ein kleines Kind. Er war nicht geheilt, und wie ich damals zu meinem Entsetzen und Schmerz erfuhr, war es auch nicht möglich, dass er jemals geheilt werden konnte. Er konnte, unter Vorsicht, noch einige Jahre leben, aber die Lungen waren so geschädigt, dass keine Hoffnung auf Heilung bestand, und er konnte nie wieder ein starker oder gesunder Mann sein. Dies waren die Abschiedsworte des Chefarztes, die er mir im Stillen sagte, und der mir riet, ihn unverzüglich weiter nach Süden zu bringen.

Ich brachte ihn in eine kleine Küstenstadt namens Rocca, etwa dreißig Meilen außerhalb von Genua – ein geschützter, einsamer Ort an der Riviera, wo das Meer noch blauer war als der Himmel und die Klippen grün wären mit seltsamen tropischen Pflanzen, Kakteen und Aloe und ägyptische Palmen. Hier wohnten wir im Haus eines Kleinhändlers; und Mat, um seine eigenen Worte zu verwenden, „machte sich ernsthaft daran, gesund zu werden." Aber leider! Es war ein Werk, das kein Ernst vorantreiben konnte. Tag für Tag ging er an den Strand, saß dort stundenlang, trank die Seeluft und beobachtete die Segel, die sich bewegten und senkten. Nach und nach konnte er nicht weiter gehen als bis zum Garten des Hauses, in dem wir lebten. Wenig später verbrachte er seine Tage auf einer Couch neben dem offenen Fenster und wartete geduldig auf das Ende. Ja, zum Schluss! Soweit war es gekommen. Er ließ schnell nach, ließ mit dem schwindenden Sommer nach und war sich bewusst, dass der Reaper nahe war. Sein ganzes Ziel bestand nun darin, die Qual meiner Reue zu mildern und mich auf das vorzubereiten, was bald kommen würde.

„Ich würde nicht länger leben, wenn ich könnte", sagte er, als er an einem Sommerabend auf seiner Couch lag und zu den Sternen aufblickte. „Wenn ich in diesem Moment die Wahl hätte, würde ich darum bitten, zu gehen. Ich möchte, dass Gianetta weiß, dass ich ihr vergeben habe."

„Sie wird es erfahren", sagte ich und zitterte plötzlich von Kopf bis Fuß.

Er drückte meine Hand.

„Und du wirst Vater schreiben?"

"Ich werde."

Ich hatte mich ein wenig zurückgezogen, damit er nicht sehen konnte, wie die Tränen über meine Wangen liefen; aber er stützte sich auf seinen Ellbogen und sah sich um.

„Mach dir keine Sorgen, Ben", flüsterte er; Er legte seinen Kopf müde auf das Kissen zurück – und starb.

Und das war das Ende davon. Das war das Ende von allem, was mein Leben ausmachte . Ich begrub ihn dort, während ich das Rauschen eines fremden Meeres an einem fremden Ufer hörte. Ich blieb am Grab, bis der Priester und die Umstehenden gegangen waren. Ich sah, wie die Erde bis zur letzten Grasnarbe aufgefüllt wurde und der Totengräber sie mit seinen Füßen feststampfte. Dann, und erst dann, fühlte ich, dass ich ihn für immer verloren hatte – den Freund, den ich geliebt, gehasst und getötet hatte. Dann, und erst dann, wusste ich, dass alle Ruhe, Freude und Hoffnung für mich vorbei waren. Von diesem Moment an verhärtete sich mein Herz in mir und mein Leben war voller Abscheu. Tag und Nacht, Land und Meer, Arbeit und Ruhe, Essen und Schlaf waren mir gleichermaßen verhasst. Es war der Fluch Kains, und dass mein Bruder mir vergeben hatte, machte ihn nicht leichter. Für mich gab es keinen Frieden mehr auf Erden, und die Güte gegenüber den Menschen war in meinem Herzen für immer tot . Reue erweicht manche Naturen, aber sie vergiftete meine. Ich hasste die ganze Menschheit, aber mehr als alle Menschheit hasste ich die Frau, die zwischen uns beide gekommen war und unser beider Leben ruiniert hatte.

Er hatte mir geboten, sie aufzusuchen und die Botschafter seiner Vergebung zu sein. Ich wäre lieber in den Hafen von Genua gegangen und hätte die Serge-Mütze und die Schrotkette eines Galeerensklaven bei seiner Arbeit bei den öffentlichen Arbeiten auf mich genommen; aber trotzdem tat ich mein Bestes, ihm zu gehorchen. Ich ging allein und zu Fuß zurück. Ich ging zurück und wollte ihr sagen: „Gianetta Coneglia , er hat dir vergeben; aber Gott wird es niemals tun." Aber sie war weg. Der kleine Laden wurde an einen neuen Bewohner vermietet; und die Nachbarn wussten nur, dass Mutter und Tochter den Ort ganz plötzlich verlassen hatten und dass Gianetta unter dem „Schutz" des Marchese Loredano stehen sollte . Wie ich hier und dort Nachforschungen anstellte – wie ich hörte, dass sie nach Neapel gegangen waren – und wie ich, ruhelos und rücksichtslos mit meiner Zeit umgehend, meine Überfahrt in einem französischen Dampfer absolvierte und ihm folgte – wie, nachdem ich die prächtige Villa gefunden hatte Da sie nun ihr gehörte, erfuhr ich, dass sie etwa zehn Tage lang von dort abgereist war und nach Paris gegangen war, wo der Marchese Botschafter für die beiden Sizilien war – und zwar auf dem Weg zurück nach Marseille und von dort teils am Fluss, teils Mit der Bahn machte ich mich auf den Weg nach Paris – wie ich Tag für Tag durch die Straßen und Parks ging, an den Toren des Botschafters Wache hielt, seiner Kutsche folgte und schließlich, nach wochenlangem Warten, ihre Adresse entdeckte – wie, Nachdem sie geschrieben hatte, um um ein Interview zu bitten, schickten ihre Diener mich von ihrer Tür weg und warfen mir meinen Brief ins Gesicht – wie ich dann, als ich zu ihren Fenstern blickte, sie, anstatt zu vergeben, feierlich mit den bittersten Flüchen verfluchte, die meine Zunge ersinnen konnte – und Wie ich, nachdem dies geschehen war, den Staub von Paris von meinen Füßen schüttelte und ein Wanderer auf der Erde wurde, sind Tatsachen, für die ich jetzt keinen Raum mehr habe, sie zu erzählen.

Die nächsten sechs oder acht Jahre meines Lebens waren wechselhaft und unruhig genug. Als mürrischer und ruheloser Mann nahm ich hier und da eine Arbeit an, je nach Gelegenheit, versuchte mich in vielen Dingen und kümmerte mich wenig darum, was ich verdiente, solange die Arbeit hart und die Abwechslung unaufhörlich war Zunächst verdingte ich mich als Chefingenieur auf einem der französischen Dampfer, die zwischen Marseille und Konstantinopel verkehrten. In Konstantinopel stieg ich auf eines der Schiffe des österreichischen Lloyd um und arbeitete einige Zeit von und nach Alexandria, Jaffa und diesen Gegenden. Danach traf ich in Kairo auf eine Gruppe von Mr. Layards Männern, fuhr den Nil hinauf und arbeitete eine Zeit lang bei den Ausgrabungen des Hügels von Nimroud . Dann wurde ich Ingenieur auf der neuen Wüstenstrecke zwischen Alexandria und Suez, und nach einiger Zeit arbeitete ich mir meine Überfahrt nach Bombay aus und arbeitete als Lokomotivschlosser bei einer der großen indischen Eisenbahnen. Ich blieb lange in Indien; das heißt, ich blieb fast zwei Jahre, was für mich eine lange Zeit war; und ich wäre vielleicht nicht einmal so schnell abgereist, wenn nicht gerade damals der Krieg mit Russland erklärt worden wäre. Das reizte mich. Denn ich liebte Gefahr und Härte, so wie andere Menschen Sicherheit und Bequemlichkeit lieben; und was mein Leben anging, hätte ich es lieber aufgegeben als behalten, und zwar jeden Tag. Also kehrte ich direkt nach England zurück und begab mich nach Portsmouth, wo mir meine Zeugnisse sofort die Art von Koje verschafften, die ich wollte. Ich ging auf die Krim hinaus, im Maschinenraum eines der Kriegsdampfer Ihrer Majestät.

Ich diente natürlich bei der Flotte, solange der Krieg dauerte, und als er vorbei war, zog ich wieder umher und freute mich meiner Freiheit. Diesmal ging ich nach Kanada, und nachdem ich an einer damals im Bau befindlichen Eisenbahn nahe der amerikanischen Grenze gearbeitet hatte, reiste ich bald darauf in die Staaten. Ich reiste von Norden nach Süden, überquerte die Rocky Mountains, probierte ein oder zwei Monate lang das Leben im Goldland aus, und dann, als mich plötzlich eine schmerzliche, unerklärliche Sehnsucht packte, dieses einsame Grab so weit weg an der italienischen Küste wieder zu besuchen, wandte ich mein Gesicht wieder Europa zu.

Armes kleines Grab! Ich fand es von Unkraut überwuchert, das Kreuz halb zertrümmert, die Inschrift halb ausgelöscht. Es war, als hätte ihn niemand geliebt oder sich an ihn erinnert. Ich ging zurück in das Haus, in dem wir zusammen gewohnt hatten. Dieselben Leute lebten noch dort und hießen mich freundlich willkommen. Ich blieb einige Wochen bei ihnen. Ich jätete Unkraut und pflanzte, putzte das Grab mit meinen eigenen Händen und stellte ein neues Kreuz aus reinem weißen Marmor auf. Es war die erste Ruhezeit, die ich erlebte, seit ich ihn dort beerdigt hatte; und als ich schließlich meinen Rucksack schulterte und wieder aufbrach, um mit der Welt zu kämpfen, versprach ich mir, dass ich, so Gott wollte, nach Rocca zurückkehren würde, wenn meine Tage sich dem Ende näherten, und an seiner Seite begraben werden würde.

Von hier aus war ich vielleicht etwas weniger geneigt als früher, sehr weit entfernte Gegenden zu besuchen, und wollte in der Nähe dieses Grabes bleiben. Daher ging ich nicht weiter als bis Mantua, wo ich mich als Lokomotivführer auf der gerade fertiggestellten Strecke zwischen dieser Stadt und Venedig anstellte. Obwohl ich eine Ausbildung als Maschinenführer absolviert hatte, zog ich es in diesen Tagen irgendwie vor, mein Brot als Fahrer zu verdienen. Ich mochte die Aufregung, das Gefühl der Kraft, den Wind, das Brüllen des Feuers, das Hin- und Herhuschen der Landschaft. Am meisten gefiel es mir, einen Nachtexpress zu fahren. Je schlechter das Wetter, desto besser passte es zu meinem mürrischen Temperament. Denn ich war so hart und härter als je zuvor. Die Jahre hatten nichts dazu beigetragen, mich zu erweichen. Sie hatten nur das bestätigt, was in meinem Herzen am schwärzesten und bittersten war.

Ich blieb der Mantua-Linie ziemlich treu und hatte bereits mehr als sieben Monate lang beständig daran gearbeitet, als das geschah, was ich jetzt erzählen werde.

Es war im Monat März. Das Wetter war seit einigen Tagen unbeständig und die Nächte stürmisch; und an einer Stelle entlang der Linie, in der Nähe von Ponte di Brenta, war das Wasser gestiegen und hatte etwa siebzig Meter der Böschung weggeschwemmt. Seit diesem Unfall waren alle Züge gezwungen, an einer bestimmten Stelle zwischen Padua und Ponte di Brenta anzuhalten, und die Passagiere mussten von dort mit ihrem Gepäck in allen möglichen Fahrzeugen über eine umständliche Landstraße nach Ponte di Brenta transportiert werden Sie fuhren zum nächsten Bahnhof auf der anderen Seite der Lücke, wo ein weiterer Zug und eine Lokomotive auf sie warteten. Dies verursachte natürlich große Verwirrung und Verärgerung, stellte alle unsere Fahrpläne falsch und verursachte für die Öffentlichkeit große Unannehmlichkeiten. In der Zwischenzeit wurde eine Marinearmee zur Stelle einberufen, die Tag und Nacht daran arbeitete, den Schaden zu beheben . Zu dieser Zeit fuhr ich jeden Tag zwei durchgehende Züge; nämlich einen von Mantua nach Venedig am frühen Morgen und einen Rückzug von Venedig nach Mantua am Nachmittag – eine ziemlich volle Tagesarbeit, die etwa 190 Meilen zurücklegt und zwischen zehn und elf Stunden in Anspruch nimmt. Deshalb war ich nicht besonders erfreut, als man mir am dritten oder vierten Tag nach dem Unfall mitteilte, dass ich zusätzlich zu meiner regulären Arbeitsvergütung noch am Abend einen Sonderzug nach Venedig fahren müsste. Dieser Sonderzug, bestehend aus einer Lokomotive, einem einzelnen Waggon und einem Abbruchwagen, sollte um elf Uhr den Bahnsteig von Mantua verlassen; In Padua sollten die Passagiere aussteigen und Postkutschen vorfinden, die sie nach Ponte di Brenta bringen würden. In Ponte di Brenta sollten eine weitere Lokomotive, ein Wagen und ein Lastwagen bereitstehen. Mir wurde aufgetragen, sie die ganze Zeit über zu begleiten.

„ Corpo di Bacco", sagte der Angestellte, der mir meine Bestellungen gab, „Sie brauchen nicht so finster dreinzuschauen, Mann. Ein schönes Trinkgeld ist Ihnen sicher. Wissen Sie, wer mit Ihnen geht?"

"Nicht ich."

„Nicht Sie, wirklich! Es ist der Duca Loredano , der neapolitanische Botschafter."

„ Loredano !“, stammelte ich. „Welcher Loredano ? Da war ein Marchese …“

„Certo. Vor einigen Jahren war er noch Marchese Loredano , aber inzwischen ist er Herzog geworden.“

„Er muss mittlerweile ein sehr alter Mann sein.“

„Ja, er ist alt. Aber was ist damit? Er ist so gesund, munter und stattlich wie immer. Haben Sie ihn schon einmal gesehen?“

„Ja“, sagte ich und wandte mich ab. „Ich habe ihn gesehen – vor Jahren.“

„Sie haben von seiner Hochzeit gehört?“

Ich schüttelte den Kopf.

Der Angestellte kicherte, rieb sich die Hände und zuckte mit den Schultern.

„Eine außergewöhnliche Affäre“, sagte er. „Hat damals einen gewaltigen Aufruhr verursacht. Er heiratete seine Geliebte – ein ganz gewöhnliches, vulgäres Mädchen – eine Genueserin – sehr hübsch; aber natürlich nicht empfangen. Niemand besucht sie.“

„Sie geheiratet!“, rief ich. „Unmöglich.“

„Das stimmt, das versichere ich Ihnen.“

Ich legte meine Hand an meinen Kopf. Es fühlte sich an, als wäre ich gestürzt oder hätte einen Schlag erlitten.

„Geht sie – geht sie heute Abend?“, stotterte ich.

„O mein Lieber, ja – geht überall mit ihm hin – lässt ihn nie aus den Augen. Du wirst sie sehen – la bella Duchessa !“

Daraufhin lachte mein Informant, rieb sich erneut die Hände und ging zurück in sein Büro.

Der Tag verging, ich weiß kaum wie, außer dass meine ganze Seele in Aufruhr von Wut und Bitterkeit war. Ich kam gegen 19.25 Uhr von meiner Nachmittagsarbeit zurück und war um 10.30 Uhr wieder am Bahnhof. Ich hatte den Motor untersucht; dem Fochista oder Heizer Anweisungen bezüglich des Feuers gegeben; für die Ölversorgung gesorgt; und bereitete alles vor, als ich gerade meine Uhr mit der Uhr an der Kasse vergleichen wollte, als eine Hand auf meinen Arm gelegt wurde und eine Stimme in meinem Ohr sagte:

„Sind Sie der Lokführer, der diesen Sonderzug fährt?“

Ich hatte den Sprecher noch nie zuvor gesehen. Er war ein kleiner, dunkler Mann mit einer Kapuze um den Hals, einer blauen Brille, einem großen schwarzen Bart und einem tief in die Augen gezogenen Hut.

„Ich nehme an, Sie sind ein armer Mann", sagte er mit einem schnellen, eifrigen Flüstern, „und hätten, wie andere arme Männer, nichts dagegen, wenn es Ihnen besser geht. Möchten Sie ein paar tausend Gulden verdienen?"

"Inwiefern?"

"Stille! Sie sollen in Padua anhalten, nicht wahr, und in Ponte di Brenta weiterfahren?"

Ich nickte.

„Angenommen, Sie hätten nichts dergleichen getan. Angenommen, Sie springen, anstatt den Dampf abzustellen, von der Lokomotive ab und lassen den Zug weiterfahren?"

"Unmöglich. Es sind siebzig Meter der Böschung verschwunden, und –"

„Basta! Ich weiß, dass. Rette dich und lass den Zug weiterfahren. Es wäre nichts weiter als ein Unfall."

Mir wurde heiß und kalt; Ich zitterte; Mein Herz schlug schnell und mein Atem stockte.

„Warum verlockst du mich?" Ich geriet ins Stocken.

„Um Italiens willen", flüsterte er; „Um der Freiheit willen. Ich weiß, dass Sie kein Italiener sind; aber trotzdem bist du vielleicht ein Freund. Dieser Loredano ist einer der erbittertsten Feinde seines Landes. Bleiben Sie, hier sind die zweitausend Gulden.

Ich stieß seine Hand heftig zurück.

„Nein – nein", sagte ich. „Kein Blutgeld. Wenn ich es tue, tue ich es weder für Italien noch für Geld; aber aus Rache."

„Aus Rache!" er wiederholte.

In diesem Moment wurde das Signal zum Rückwärtsfahren auf die Plattform gegeben. Ohne ein weiteres Wort sprang ich auf meinen Platz auf der Lokomotive. Als ich wieder zu der Stelle blickte, an der er gestanden hatte, war der Fremde verschwunden.

Ich sah, wie sie ihre Plätze einnahmen – Herzog und Herzogin, Sekretär und Priester, Kammerdiener und Dienstmädchen. Ich sah, wie der Bahnhofsvorsteher sie in den Waggon einlud und barhäuptig neben der Tür stehen blieb. Ich konnte ihre Gesichter nicht unterscheiden; der Bahnsteig war zu dunkel und das grelle Licht des Lokomotivfeuers zu stark; aber ich erkannte ihre stattliche Gestalt und die Haltung ihres Kopfes. Hätte man mir nicht gesagt, wer sie war, hätte ich sie allein an diesen Merkmalen erkannt. Dann ertönte die Pfeife des Schaffners und der Bahnhofsvorsteher verbeugte sich ein letztes Mal; ich schaltete den Dampf ein und wir fuhren los.

Mein Blut brannte. Ich zitterte und zögerte nicht mehr. Ich fühlte, als wäre jeder Nerv aus Eisen und jeder Pulsschlag tödlich. Sie war in meiner Gewalt, und ich würde Rache nehmen. Sie sollte sterben – sie, für die ich meine Seele mit dem Blut meines Freundes befleckt hatte! Sie sollte sterben, in der Fülle ihres Reichtums und ihrer Schönheit, und keine Macht der Erde sollte sie retten!

Die Stationen flogen vorbei. Ich habe mehr Dampf gemacht; Ich befahl dem Feuerwehrmann, den Koks hineinzuschütten und die glühende Masse umzurühren. Ich hätte den Wind überholt, wenn es möglich gewesen wäre. Immer schneller – Hecken und Bäume, Brücken und Bahnhöfe rasen vorbei – Dörfer, die man kaum sieht, sind schon wieder verschwunden – Telegraphendrähte, die sich verdrehen und senken und sich in einem einzigen verflechten, mit der schrecklichen Geschwindigkeit unseres Tempos! Immer schneller, bis der Feuerwehrmann an meiner Seite bleich und verängstigt aussieht und sich weigert, mehr Brennstoff in den Ofen zu füllen. Schneller und schneller, bis der Wind uns ins Gesicht streicht und den Atem zurück auf unsere Lippen treibt.

Ich hätte es verschmäht, um mich selbst zu retten. Ich wollte mit den anderen sterben. So wütend ich auch war – und ich glaube aus tiefstem Herzen, dass ich für die damalige Zeit absolut verrückt war –, verspürte ich einen vorübergehenden Anflug von Mitleid mit dem alten Mann und seiner Suite. Ich hätte auch den armen Kerl an meiner Seite verschont, wenn ich könnte; aber das Tempo, mit dem wir unterwegs waren, machte ein Entkommen unmöglich.

Vicenza wurde passiert – nur ein verschwommenes Lichtbild. Pojana flog vorbei. In Padua, nur neun Meilen entfernt, sollten unsere Passagiere aussteigen. Ich sah, wie sich das Gesicht des Heizers mir in Protest zuwandte; ich sah, wie sich seine Lippen bewegten, obwohl ich kein Wort hören konnte; ich sah, wie sich sein Gesichtsausdruck plötzlich von Protest in tödliche Angst verwandelte, und dann – gnädiger Himmel! Da sah ich zum ersten Mal, dass er und ich nicht mehr allein auf der Lokomotive waren.

Da war noch ein dritter Mann – ein dritter Mann stand zu meiner Rechten, während der Heizer zu meiner Linken stand – ein großer, kräftiger Mann mit kurzen, lockigen Haaren und einer flachen schottischen Mütze auf dem Kopf. Als ich vor Überraschung zurückwich, trat er näher, nahm meinen

Platz an der Maschine ein und stellte den Dampf ab. Ich öffnete meine Lippen, um mit ihm zu sprechen; er drehte langsam seinen Kopf und sah mir ins Gesicht.

Matthew-Preis!

Ich stieß einen langen, wilden Schrei aus, warf meine Arme wild über meinen Kopf und fiel, als wäre ich mit einer Axt geschlagen worden.

Ich bin auf die Einwände vorbereitet, die gegen meine Geschichte vorgebracht werden könnten. Ich erwarte ganz selbstverständlich, dass mir gesagt wird, dass es sich um eine optische Täuschung handelte oder dass ich unter Druck auf das Gehirn leide oder dass ich sogar unter einem vorübergehenden Wahnsinnsanfall leide . Ich habe all diese Argumente schon einmal gehört, und wenn man mir das sagen darf, habe ich keine Lust, sie noch einmal zu hören. Ich habe mir zu diesem Thema schon seit vielen Jahren eine eigene Meinung gebildet. Alles, was ich sagen kann — alles, was ich *weiß* , ist, dass Matthew Price von den Toten zurückgekommen ist, um meine Seele und das Leben derer zu retten, die ich in meiner schuldbewussten Wut ins Verderben getrieben hätte. Ich glaube daran, da ich an die Barmherzigkeit des Himmels und die Vergebung reuiger Sünder glaube.

DAS ENDE